미래인재를키우는창의공간

C.I.L.인문편
-공자 논어＊우화

장태규 지음

C.I.L CREATIVE IMAGE LANGUAGE SCHOOL

미래인재를 키우는 창의공간
창의이미지언어학교

www.cilschool.org

읽 기 READING

그리기 DRAWING

연 상 THINKING

토 론 DEBATE

C.I.L. School
창 의 이 미 지 언 어 학 교

To.

From.

교육의 목표 찰(察)하기

들어가며

다가올 미래에 아동, 청소년에게 가장 필요한 것, 두 가지가 있다면 그것은 리더십과 창의성이다. 누구나 어릴 적부터 이 두 가지 역량은 갖고 태어나지만 성장하면서 소멸되거나 장점을 살리지 못하는 경우가 많아진다. 지금의 4차 산업혁신에 필요한 인재양성에 배려해야할 교육환경이다.

어릴적 인문고전을 읽은 아동, 청소년들은 상상력과 창의성이 높아져서 독창적인 사고를 하게 된다. 삼류대학을 일류 대학으로 바꾼 〈시카고플랜1)〉이 그 좋은 예이다.

100권의 인문고전을 읽고 자신의 생각을 글로 표현하게 함으로써 85명의 노벨상 수상자를 한 대학에서 배출했다. 근래 인문고전의 긍정적인 효과성이 증명되면서 국내에서도 인문학의 관심이 고조되고 있으나 인문고전을 읽는다는 것이 쉽지 않고 또한 글속에서 의미의 본질과 흥미를 찾는 것은 쉬운 일이 아니다.

유명한 작가와 인문학교수가 진행하는 수준 높은 강연들은 학부모와 직장인들 및 대학생들에게 높은 흥미와 집중력을 준다. 그러나 수준 높은 강연을 항상 듣는다는 것도 쉬운 일이 아니다. 일상의 가벼운 독서방법을 배워가며 아동, 청소년 및 학부모에게는 지속적인 자극을 줄 수 있는 교육시스템의 마련이 중요하다.

씰스쿨CIL School에서는 그동안 다양한 아이들에게 창의*인성교육을 진행한 교육경험을 바탕으로 창의독서지도방법을 정리하였다. 책속에 여러 상황들을 표현하는 아이들의 사고와 감정과 행동의 패턴을 이미지지표와 텍스트지표로 구조화하였다.

그동안의 경험을 씰스쿨의 인문독서교육에 접목시켜 좀 더 재미있고 쉽게 〈논어-우화편〉으로 경험할 수 있게 되어 기쁘다.

본 교재는 아동, 청소년에게 인문고전을 창의적 사고와 융합하여 리딩하는 독서법을 알려준다. 또한 효과적 리딩방법도 제시한다. 상호작용을 통한 씰 창의이미지언어 토론방법을 통해 확산적 사고와 수렴적 사고를 활용하는 적용이 재미있다. 학교의 교사와 학부모 및 현장에서 독서를 통해 교육모델을 고민하는 모든 분들이 쉽게 배우고 적용할 수 있는 독서코칭의 지침서가 되기를 바란다.

---

1) 미국 일리노이주 록펠러가 세운 시카고대학에 1929년 로버트 허친스 총장이 실시한 인문학 읽기교육

씰스쿨의 독서활동은 교육이 진행되는 과정 속에 8가지의 역량 변화를 통해 창의인문독서 활동이 어떤 변화를 갖고 학습자를 성장시키는지 체크할 수 있는 창의이론[S모듈]을 제시한다.

논어-우화과정(40회차)은 누구나 쉽게 배워 아동, 청소년들과 소통할 수 있는 장점을 갖고 있다. 이미 다양한 전문분야의 직장인과 교사, 대학생들이 씰 창의독서교육에 참여하여 창의적인 생각과 감정을 끄집어내는 토론을 경험하였다.

아울러 아동, 청소년들도 다각적인 사고의 확장, 글을 이미지로 떠올리는 생각찾기의 연관성을 훈련하는 독서방법들로 인문학적 사고를 자신의 관점으로 바꾸는 학습에 흥미를 갖고 참여한다.

지난 2013년부터 현재까지 300주가 넘도록 매주 토요일에 모여 씰교육을 배우고 있다. 씰스쿨의 창의이미지언어를 활용한 독서는 독서토론 효과성을 높이고 창의사고력을 증진시키기 위해 4단계 리딩방법으로 다양한 학습자들에게 집중력있는 사고력과 언어, 도형, 입체적 관점, 다양한 표현력을 끄집어내도록 돕는다.

매월 바뀌는 논어문장과 우화주제글의 반복적인 4단계 리딩방법으로 완전히 자신의 것이 되도록 반복, 습득하도록 교육 한다. 또한 매월 배운 것들을 소외지역의 공부방 초등생들에게 지도하는 독서토론 일일 교사로 재능기부 봉사활동(Fair Start)에도 참여하고 있다.

향후 다가올 미래는 많은 변화와 혁신이 있을 것이다. 그 미래는 우리 아이들이 살아야 할 일상이다. 창의독서활동은 기본적인 교육을 배우고 일상을 알아가는 데 꼭 필요한 심미적 역량을 향상시키고 균형을 갖도록 책속에 내용을 활용하여 일상의 문제와 갈등을 해결하는 경험에 타인을 배려할 것이며 미래의 창의적인 리더로 성장하도록 안내할 것이다.

씰스쿨 대표 장 태 규

BE CREATIVE

읽고, 그리고,
연상하고,
토론하라!

목차 | CONTENTS

제1부 창의이미지언어의 이해

제2부 창의이미지언어의 적용이론

제3부 씰스쿨 창의이미지언어 독서수업

목차 | CONTENTS

제4부 씰스쿨 창의이미지언어 독서- 논어*우화
- 공자의 생애

제1부 창의이미지언어 개요

제1부 창의이미지언어의 이해

Fair Start for Children

1. 씰 스쿨은...

씰스쿨 C.I.L[2]

미래리더인 아동, 청소년들에게 가장 중요한 배움은 자신이 갖고 있는 잠재력이 무엇인지 스스로 알 수 있도록 경험을 유발시켜 주는 것이다. 자신의 강점을 활용하여 내면의 자아를 경험하고 외형적인 성장동력을 가질 수 있도록 창의적 사고역량에 집중력을 높여주는 것에 〈씰 스쿨〉의 교육 가치를 둔다.

〈교육목표〉
-생각의 가치를 스스로 상상하고 만들어 낼 수 있는가?

학생과 교사와 부모 등 일반 사람들의 마음속 생각들이 일상에서 줄어들고 편리한 기계들의 발전으로 인간은 점점 복잡한 사고에 직면하지 않고 있다. 〈씰 스쿨〉의 배움은 누군가 정해준 사실들을 암기하고 문제를 푸는데 시간을 허비하지 않는다. 이미 그런 형태의 교육은 오랜 시간 배워왔고 경험하였다. 이제는 우리의 배움이 일상에서 무겁지 않고 가벼우면서도 깊이를 가질 수 있는 적용으로 자기혁신과 변화를 가져오는 성장으로 옮겨지기를 기대한다.

대부분의 아동, 청소년 및 성인들이 독서를 하면서 스스로 생각을 떠올리고 적당한 연결단어를 찾아내는 것에 집중하지 않고 글의 내용을 읽어 간다는 것이다.

〈씰 스쿨〉에서는 글자에 갇혀 버린 창의력의 한계를 찾아서 그 지점에서부터 시작하여 하나씩 자신의 마음속 상상력들을 끄집어내는 교육과정으로 공감과 차이 및 유사성을 구별해내는 교육에 집중한다. 지금의 결과만을 중시하는 성급한 배움으로 정확하고 빠르게 외우고 비슷한 문제들을 끊임없이 풀어서 익숙해진 지식으로 평가받는 교육과 차이를 둘 것이다.

〈씰 스쿨〉에서는 글자로만 생각하고 표현하는 기존의 교육과정에서 벗어나 다양한 매체(미술, 음악, 인문고전, 코딩, 놀이 등)와 도구를 활용하여 이미지언어로 생각하고 창의성을 성장시키는 교육에 집중한다.

〈씰 스쿨〉의 교육과정은 이미 수년간의 이미지언어와 텍스트언어를 융합하는 평면미술과 입체영상교육의 경험으로 참여자들의 반응패턴을 분석하여 얻은 교육방법을 근간으로 구성되었다. 교육의 진행단계는 정해져 있으나 대상과 연령, 장소 등에 따라 유연하게 설계하며 자유로이 변형이 가능하다.

-〈씰 스쿨 교육〉은 '교사의 지도 아래 참가자 중심'으로 이뤄진다. 가능한 학습자의 자발적 참여와 생각, 감정을 끄집어내며 행동으로 적용되도록 도와주는 일상의 작은 프로젝트들로 끊임없이 적용하도록 지도한다.

---

2) Creative Image Language의 약자로 만들어진 합성어 C.I.L "씰"로 표기한다.

2. 씰 스쿨에서 배우는 내용들

단계	속성		사고구조	리딩스킬	
	합리성	비합리성			
생각 △ 감정 ○ 행동 □	의식	무의식	원형구조 병렬구조 통합구조 초월구조	이미지코칭 (추상*비추상)	이미지연상코칭 단어연상코칭 숫자연상코칭
이론	창의S이론		순환이론	이중부호이론	
오리엔 테이션	-창의이미지언어의 이해 -적용이론이해 -생각, 감정, 행동 속성 -합리적&비합리적 이해 -의식 & 무의식 이해		순환이론적용 -원형틀 이해 -병렬틀 이해 -통합틀 이해 -초월틀 이해	-명화를 활용한 이미지코칭/생각,감정,행동 -점,선,면을 활용한 이미지연상코칭의 이해 -단어를 활용한 연상코칭의 이해 -숫자를 활용한 연상코칭의 이해 -동*서양 사고,감정,행동의 차이(관계성)	

단계	리딩스킬			활용안
생각 감정 행동	STP 활용법	씰 인문 씰 음악 씰 놀이 씰 코딩	우화코칭	수업계획안 진로코칭
이론	스키마이론			
	-STP카드 이해 -작성해보기 -이야기해보기 -집단역동성	-주제이해 -핵심단어이해 -핵심문장이해 -적용스킬	-우화리딩 -교훈찾기 -적용스킬	-개인 -그룹 -원데이 -4주/8주

〈씰 스쿨 전공과목〉

씰 인문 & 씰 음악 & 씰 미술 & 씰 놀이 & 씰 코딩

3. 씰 스쿨 교육적용의 이해

인문과 음악과 미술과
우화의 이야기가 나올 때

〈씰 스쿨〉은 창의이미지언어를 활용하여 창의교육을 학습위해 여러 가지 과목을 비교하며 유사점 및 상반되는 점을 언급하며 진행한다. 씰 언어를 다른 과목(미술, 놀이, 인문, 코딩, 음악 등)의 학습과목들을 배우며 통합지성을 갖도록 비교하고 체험하면서 각각의 특징을 잘 이해할 수 있도록 유사점과 차이점의 핵심패턴을 찾아가는 전개방식으로 명쾌한 배움이 되도록 정리한다.

4차 산업혁신의 새로운 세상에 맞는 언어는 누구에게나 생소하고 익숙하지 않다. 어려운 내용의 핵심단어들을 기존의 내 언어로 쉽게 정리해가며 새로움에 직면하는 경험이 중요하다.

내용이해

직면의 경험들을 차근차근 이해하고 토론하며 반복하여 씰 언어를 배우다보면 모호하던 것들이 공감되고 수긍이 가는 단계가 온다. 소리를 듣고 한 단어에 집중하고 문장을 만들어 내는 음악코칭 과정이 누구에게나 쉬운 것은 아니다. 이후에 단어와 문장에 어울리는 이미지를 생각해서 그리는 과정들은 반복한다면 깊이 있는 지식의 전체이유를 알게 해주는 습관을 갖게 된다.

교육 순서

씰 교육은 [읽기, 그리기, 연상하기, 토론하기]의 기본 틀을 갖는다.
쉬운 내용의 문장들과 단어들을 활용하여 어려운 내용들을 연결하는 생각찾기를 통해 내 자신과 소통하는 이미지를 만들어보는 순서로 진행된다.

그러나 학습자의 성향과 공동체의 성격에 따라 4단계의 순서는 더 쉽게 적용하여 사용할 수 있는 과정으로 배치할 수 있다.
참여자의 소양에 따라서 쉽게 이해되는 부분들로 접근할 수 있다. 생각을 찾는 수업의 원리를 이해하는 방법에 집중하였다.

4. 씰 교육의 특징

<생각과 감정과 행동관계> 평면의 미술과 어떤 순간을 포착하여 만들어내는 회화 혹은 그 시대의 사조를 바탕으로 재료를 활용하여 만들어진 건축물들엔 인간 내면의 정신과 감정들이 얼마나 적용되어 있을까?

 사물의 겉모습을 작품에서 유사하게 묘사하여 보여주는 예술(미술, 조각)과 관련된 교육들은 보이지 않는 관점의 생각을 찾고 만들어가는 씰교육과는 유사한 듯 보이지만 차이가 있다.

 씰교육의 독서코칭은 처음 습득한 책속의 글과 토론문장들을 텍스트 언어로 활용하여 학습자의 마음속 내면의 정서로 연결되도록 한다. 처음 제시된 문장을 현실에 존재하는 것과 결별하도록 한다. 생각과 감정의 형식, 내용, 과제 그리고 효과까지 모든 것이 마음속의 심상에 흐르는 감정과 깊이 관계하도록 한다.

 그러나 지금의 교육은 글과 토론문장을 외워 테스팅하기 때문에 그 내용이 현실에 존재해야하고 지속적으로 외운 지식에 집중하기 때문에 마음의 심상에 어떤 감정을 갖도록 여유를 주지 않는다.

 <씰언어>는 분명 시각적인 감각을 많이 쓴다. 문장과 이미지를 눈으로 봐야하기 때문이다. 그러나 그것이 어떤 진동에 의해서 생각과 감정의 파동이 발생하고 존재하던 공간과 결별하고 곧 그 이미지와 글씨마저 마음속 내면의 언어로 이동하여 의미를 찾으면 사라져 버린다. 씰교육과정을 거치면서 <씰언어>는 주관적인 내면의 세계를 드러내는 언어가 된다. 이것이 학습자마다 갖고 있는 고유한 창의성이 된다. 우리의 자아와 자신을 성장시키며 관계를 맺어가도록 돕는다.

 가시화되어 있던 재료들 텍스트와 이미지언어들은 씰교육의 과정을 통해서 해체되고 결합되는 반복적 과정을 통해 변화와 성장의 에너지를 만들어낸다. 종종 창의적인 교육매체로 사용되는 회화(평면미술)는 주관적인 내면의 마음을 표현하는 것은 사실이지만 그 재료가 원래의 상태로 머물러 있지 않으면 이미지는 변질되고 만다. 계속적으로 공급을 해주고 있는 원천은 그 이미지의 재료로 표현된 그림임에 누구도 이유를 달지 않는다.

 그러나 토대를 알 수 없는 깊이로 사고의 변화를 요동치는 속성들은 대상이 공간을 차지하는 형상으로써 존재하는 것이 아니라 어떤 상태로 시작되어 머물렀다 다시 사라지는 반복을 해야 한다.

인문고전의 사고들은 토대를 알 수 없는 깊이로 사고의 변화를 요동치도록 요구한다. 배움과 생각의 속성들은 대상이 공간을 차지하는 형상으로써 존재하는 것이 아니라 어떤 상태로 시작되어 머물렀다 다시 사라지는 반복을 한다.

아인쉬타인의 특수상대성이론 $E=mc^2$의 공식은 핵의 끊임없는 분열과 융합을 반복으로 세상에 없던 1%의 에너지를 만들어 내는 과정을 설명한다. 결합과 해체로 만들어진 1%의 에너지를 과학자들은 우주를 삼키고도 남는 힘이라고 말한다.

〈씰교육〉은 공간적인 객관성이 존재하지 않기 때문에 미술이나 건축이나 회화 혹은 어떤 실재하는 도구로 만들어진 메이커교육[3]과는 다르다. 생각의 융합과 분열, 결합과 해체의 가치들은 공간적인 객관성이 존재하지 않기 때문에 실체가 있는 통합적 구성으로 제작하는 재료와 그 결과가 다르다.

씰 교육은 외면적인 형상이 없으므로 시각적인 가시성에서 자유롭다. 때문에 씰언어를 만드는 과정에서 나타나는 주관적인 기관인 감각, 감정, 직관이 필요하다. 보이지 않는 마음속 상상들에 시각과 냄새와 청각 등 그 자체가 더 이념적인 것이다.

이미 책에서 읽은 문장이나 단어나 이미지는 더 이상 고정되어 있는 배움의 존재하는 형상으로 인식하지 않으며 이상적인 영혼과 정신과 마음으로 다가오는 내면적인 결합과 해체로 그 결과를 받아들여야 한다.

뒷부분에 이해를 돕기 위해 〈실린더형 씰교육과 내비게이션형 씰교육〉 스타일로 더 설명을 한다.

---

3) 메이커 교육(maker education)이란? 메이커 교육(maker education)은 DIY(Do It Yourself) 운동의 영향을 받아 미국에서 확산되고 있는 메이커 운동(maker movement)에서 파생되었다. 메이커 교육이란, 학생이 직접 물건을 만들거나 컴퓨터로 전자기기를 다루는 등의 작업을 하면서 창의력을 발휘해 문제를 해결하고, 새로운 것을 만들거나 발견을 촉진하게 하는 것을 말한다. 메이커 교육은 과학박물관이나 여름 캠프 같은 곳에서 간헐적으로 시행되는 다양한 과학 실험 활동, 창작 활동 등의 교육프로그램에서 출발하였으며, 이러한 프로그램을 서로 연계하여 정보 및 교육 과정 등을 공유하면서 일종의 풀뿌리 교육운동으로 성장하였다. 디지털 기기와 다양한 도구를 사용한 창의적인 만들기 활동을 통해 자신의 아이디어를 실현하는 사람으로서 함께 만드는 활동에 적극적으로 참여하고, 만든 결과물과 지식, 경험을 공유하는 사람들을 말한다.

5. 창의이미지언어란 무엇인가?

〈씰 스쿨〉은 아동, 청소년, 교사, 학부모들이 책을 읽으면서 떠오르는 상징성(그림, 소리, 숫자)을 활용하여 텍스트지표와 이미지지표를 구분하거나 융합하도록 일상의 생각들을 찾아내고 결합했다가 다시 해체하여 표현한다. 또한 결과물을 그룹에서 소통하도록 도와주는 창의교육의 모델이다. 책을 읽고 내용을 좀 더 깊게 이해하고 재미있는 의미들을 찾을 수 있도록 도와주며 사고와 감정에 집중하여 독서할 수 있도록 지도하는 독서방법이다.

일상의 소소한 생각덩어리들을 우리는 사소(些少)하게 버리며 산다. 그러나 세상에 드러난 혁신적 변화들은 작은 생각들이 모였다가 사라지며 다시 결합되어 만들어 진 것들이 대부분이다.

그런 측면에서 혁신적 사고에 꼭 필요한 상상력조각들을 잘 챙기고 모아둘 필요가 있다. 창의이미지언어 교육과정은 아동, 청소년, 교사, 학부모와 함께 〈씰 독서교육〉을 오랫동안 진행하면서 구조화시킨 것을 다음의 3가지 속성의 단계로 정리되었다.

첫째, 씰언어의 생각 만들기(조각 찾아 결합하기)

둘째, 씰언어의 이미지 만들기(결합생각, 이미지로 해체하기)

셋째, 씰언어의 문장 만들기 (결합이미지, 문장으로 융합하기)

3단계의 속성을 원칙으로 진행되는 〈창의이미지언어〉 지도과정은 모두에게 책을 통한 배움의 깊이와 의미들을 내면으로 집중시킨다. 자신의 내면 정서에 사고, 감정, 행동을 끄집어내는 본질 사고를 높여 스스로 무엇을 하며 살것인가의 삶의 기본적인 질문에 답을 찾도록 도와준다.

미래사회에 변화하는 환경속에서 청소년과 청년들, 성인 및 노년기에 누구나 고민하는 일상에서 진로를 탐색하고 집중하는데 도움을 주는 훈련과정이 된다.

5천 년 전 이집트시대에 사용했던 **상형문자**는 사물을 본 떠서 그것에 관련된 사람의 마음속 표상, 상상, 개념(생각의 동의어) 등을 표현한 언어이다. 사람이나 동물 또는 사물을 그려서 그것에 관련된 단어나 음절 또는 소리를 글자로 사용한 문자이다.

이집트의 여러 벽화에 새겨져있던 그림들은 마음속 생각을 이미지로 재현하는 원리를 우리에게 알려준다. 오늘날, 그것이 이집트의 오랜 역사를 알게 해주는 흔적의 연결고리가 되었고 현재를 살고 있는 우리에게 그 시대의 삶의 지혜가 무엇인지 알려주는 자산이 되고 있다. 이는 단순히 유명한 예술가가 어떤 순간을 본 뜬 멋진 조각상이나 회화를 대상자체로 관조하는 것과는 다른 스토리텔링을 갖는다.

세종대왕이 창제하여 대한민국의 모든 국민이 사용하는 한글은 표음문자 중에 가장 진보한 언어다. 표음문자phonogram는 사람이 말하는 소리를 기호로 나타낸 문자이다. 결국 소리와 글자의 특징을 연결시킨 상관관계가 의미를 표현하는 형태로 구성된 창의적 언어이다.

현대를 사는 많은 사람들은 관계의 중요성과 다양성을 인정해야하는 세상에 살고 있다. 많은 문제와 갈등에 직면하여 그것을 해결하기 위해 가져야할 마음속 생각을 창의적으로 정리하고 표현해야하는 부담도 커지게 되었다. 그러나 모두가 행복한 소통을 하지 못하는 상황이 많아지고 그 방법을 오히려 어려워만 하고 있는 실정이다.

우리는 지금의 생각과 소통의 일상들을 창의적으로 풀어가는 사고방법들을 정리하여 다음세대들이 알 수 있도록 어떤 기록(교육법)으로 남겨야 한다. 이것은 미래 세대들에게 좀 더 나은 삶의 환경을 물려주기 위한 우리의 의무이다.

씰교육은 책속에 글을 읽고 유발되는 아이들의 생각을 두 가지의 범주로 구분한다. 첫 번째는 **상상**속에서 얻게 되는 생각이며 두 번째는 일상에서 **경험**하며 얻게 된 생각이다.

Kant 칸트(1787)는 순수이성비판에서 선험적 상상과 현실세계의 경험을 분리하여 순수한 선험적 상상을 언급하였다. 사람들은 그 상상을 통해 **통찰력**이라는 것을 얻게 된다고 말했다.

많은 사람들이 신념을 갖고 살면서 수없이 많은 책을 읽는다. 머릿속에 기억remembering하고 있는 책의 내용은 원래 읽었던 이야기와 시간이 흐를수록 변형된 내용으로 분리되어 저장된다.

글의 정확한 내용들이 일상에서 집중하는 흥미나 문화적 배경에 의해 변형(왜곡)되거나 혹은 빠지기도(삭제)한다. 그러나 더 오랜 시간이 경과되면 특정내용은 더욱 정교화되고 새로운 내용들도 첨가된다.

과거에 읽은 책의 내용들이 시간이 지남에 따라 저장된 기억에서 여러 가지 왜곡, 삭제, 그리고 변화가 생기는 이유는 사람들이 기억을 떠올릴 때 과거에 경험된 이미지를 사용하기 때문이다.

사람들은 글의 이야기에서 특정한 부분을 기억할 수 없을 때, 그 시점에서 생겼을지 모를 것(본질사고)을 유발시키거나 상상하게 된다. 그래서 시간이 지나면 원래 이야기의 줄거리에서 다른 줄거리를 만들어낸다. 그런 측면에서 책을 읽으며 사고의 유창성을 향상시켜주는 정확한 기억장치를 만드는 교육은 필요하다.

〈창의이미지언어〉는 책을 읽으며 알게 되는 지식들을 중심으로 과거의 배경지식과 연결하여 글이 의미하는 것들을 **왜곡**된 것 없이 자신이 경험한 실제 이미지로 표현해봄으로써 충돌하는 경계사고를 만들어 내는 것이 1차 목표이며 생각을 조금씩 덧붙여나가는 것에 주목한다.

특별히 인문고전과 우화속에서 비유되는 단어와 구절들이 창의이미지언어를 통해 결합과 해체로 생각, 감정, 행동을 정리하며 성장한 아이들은 일상에 어떤 배움에서도 자신의 것으로 호기심과 재미를 만들어내며 집중한다. 그 집중은 지식과 지혜들을 빠르게 해석하고 습득하는데 효과적이며 삶의 흐름속에서 시간과 공간의 밀도를 준다.

결국, 미래에 습득해야 할 지식에 대해 현재시점에서 영향을 주는 과거의 기억을 어떻게 끄집어내고 통합시킬 것인가에 관심을 갖고 창의이미지언어를 체계화시켜야 한다.

지금의 교육이 현실을 좋아하고 미래의 변화에 익숙하지 않아 **실체성과 보편성, 통계성**을 경험구조로 이성적 사고를 활용하기에 이런 특성을 감안한다면 이미 습성화된 배움과 교육습관에서 벗어나기 위한 창의적인 자극은 더 필요해진다.

미래교육은 교사가 학생에게 일방적으로 가르치는 교육방향성이 아니라 청소년과 그들을 가르치는 교사들이 함께 배워야하는 교육의 가치를 갖고 있어야 한다. 창의성과 인성교육을 위해 **정신**과 **마음**과 **영혼**과 **몸**을 자극하는 것에 집중해야하며 그 자극에 창의이미지언어를 적용하였고 미래의 리더들을 위한 창의교육과정으로 개발해야한다는 확신을 갖게 한다.

왜 훈련해야하는가?   창의이미지언어는 **첫째,** 일상의 주어진 상황 속에서 문제의 핵심이 되는 단어들을 설정하고 그것을 자신의 상상력 언어도구인 기호(점, 직선, 곡선, 도형 등)들이 어떻게 사용하는지 배운다. (내면의 주관적인 감정, 사고 유발)

둘째, 제시된 핵심단어에 연상된 3개의 이미지를 생각했다면 그것을 그려보고 각각의 제목을 붙여보는 것이 다음 작업이다. 이것은 추상적으로 만들어진 이미지언어로 텍스트지표를 만드는 경험을 하게 한다. (수렴적 사고의 학습과정으로 중요한 것을 선택하고 정리하는 과정)

마지막으로 3개의 상이언어 기호들을 활용하여 완성된 핵심단어와 연결하여 나만의 최종문장을 만들어보는 수렴적 사고 훈련과정이다. 가끔은 최종적으로 만들어진 몇 개의 문장으로 자기주장의 글(에세이나 칼럼 등)을 써보는 것도 좋다.

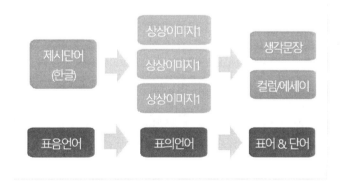

[창의이미지언어 생각계산과정]

씰스쿨의 〈창의이미지언어〉가 알려주는 배움이 미래의 창의적인 리더를 키워내는 시작이기를 바란다. 또한 그 리더들과 함께 미래를 묻고 세상에 가치 있는 일을 만드는 원리가 무엇인지 알아가는 데 집중하기를 바란다.

미래의 진정한 배움은 가치와 원리를 묻고 알아가는 것에 즐거움과 깊이가 있다는 것을 습득하는 과정이라 할 수 있다. 그런 측면에서 창의이미지언어를 통해 얻는 사고교육은 장려되고 개발되어야 한다.

지금의 교육이 무엇을 생각하게 하고 무엇을 다음세대들에게 남겨줄 것인가에 깊게 고민하고 그 고민을 위해 어떤 지식들이 지금 존재하고 있으며 그것을 유지시키기 위한 방법들로 어떤 것이 적용되고 있는지 찰(察)해야 한다.

이제, 그 마음이 정리되었다면 일상에서 일어나는 창의적 생각들을 배움과 하나하나 연결하여 정리하고 흔적을 기록하는 일에 관심을 가져야 한다.

6. 창의이미지언어 도구이해

〈내면 * 외면〉 무형을 주관적인 감정, 사고 유발 - 내면적 주관성을 높이는 작업

전제 : 생각과 감정과 행동은 하나이며 같다.
결론 : 마음속 생각을 계산하는 공식을 활용하여 3개 수준의 제시어 설명과 계산된 하나의 생각문장을 체계적으로 표현할 수 있다.

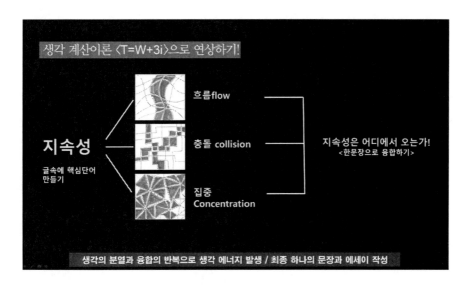

〈씰 계산공식〉

 인간의 배움은 세상의 물질을 연구하기 시작하여 사람의 생명을 다루는 과학
으로 진화된다. 이제 남은 최종 목표는 사람의 마음속 생각들을 계산해내는
인지과학에 집중한다. 과연 가능한 것일까?

 그러나 아직 마음의 작용을 설명해주는 계산이론을 밝혀내지 못해 인지과학
의 지상목표는 아직 완전하지가 않다.

 〈씰교육〉은 마음속 생각을 상징적인 기호체계로 보고 생각계산공식을 통해
다음과 같은 전제와 결론을 활용한다.

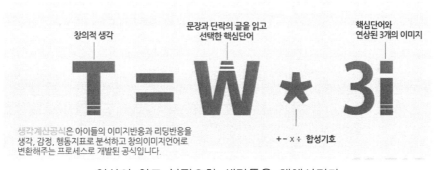

일상의 얇고 불필요한 생각들을 해체시킨다.
내면 깊숙한 곳의 무의식과 현실의 의식이 결합하도록 한다.
그래야 생각의 생명력에 에너지를 생성시킬 수 있다.

7. 창의이미지언어의 차별성

시작start   씰스쿨의 교육과정은 최초 창의재능기부의 가치를 갖고 미국 월트디즈니
사가 설립한 CalArts[4] 예술대학의 예술, 미술, 영상교육 전공자들이 모여
평면과 입체의 사고를 융합시키는 CAP[5]프로그램을 나누는 것에서 시작되
었다. 향후 국내의 교육과 동양사고에 맞도록 창의교육방법을 독서교육에
접목시켜 스스로 학습목표를 만들고 목표의 명확성을 알도록 도와주는 창
의이미지언어 교육과정을 개발하게 되었다.

차별1   모든 교육의 목적은 결과를 내고 소통하는 데 있다. 때문에 교육을 받은 후에
참가자들은 그 전보다 어떤 변화를 가져야 한다. 과거에 하지 못하던 생각을 할
줄 알아야 하고 예전에 하지 않았던 감정을 느낄 수 있어야 하며 교육의 결과로
어떤 행동들이 달라졌는지 스스로 생각할 수 있어야 한다.

차별2   창의이미지언어는 창의S이론에 의해 직면, 의심, 갈등, 지식, 성취, 지혜, 융합,
소통의 8가지 미래핵심역량을 통해 유기체적인 인간관계, 창의적인 커뮤니케이
션, 효과적인 갈등조절과 문제해결방법, 대인관계의 방법으로 자기self를 만들어
가는 내용을 다루고 있다.

차별3   창의이미지언어에는 인간의 내면과 외면의 다양한 아이디어와 사고유발 기술,
새로운 생각의 개념들을 활용한다. 이것을 가시화시키는 방법으로 생각계산이론
T=W*3i라는 공식으로 도식화하여 학습에 적용하였다. 이 공식은 많은 청소년과
대학생 및 교사와 학부모들을 대상으로 오랫동안 씰 교육과정을 통해 코칭으로
얻어진 과정들의 정리한 것이다.

---

4) **캘리포니아 인스티튜트 오브 디 아츠**(California Institute of the Arts), **칼아츠**(CalArts)는 캘리포
니아 주 발렌시아에 위치한 사립학교이다. 1960년대 월트 디즈니가 학교를 세웠다.
5) CalArts 예술대학에서 25년간 진행해온 방과후 종합예술교육 프로그램, Community Art
Partnership.

차별4   〈씰스쿨〉의 초기교육은 생각과 감정과 행동의 발산적 사고divergent thinking 방법을 활용하여 인간이 본능적으로 갖고 있는 창의성에 기초, 단어와 문장을 읽고 받은 자극들을 통해 다양한 생각을 연상하도록 지도함으로써 창조적 사고의 소통방법을 가르치는 데 목적이 있다. 이 과정에서 논리적인 생각과 감정과 행동에 균형을 이루는 추상적 이미지들에 직면하여 얼마나 많은 생각을 할 수 있는지?, 자기의 이야기가 있는지?, 그 이야기에 제목을 붙일 수 있는지? 등의 다양하고 폭넓은 반응을 관찰하는 것에 집중한다.

　　　　이는 참여자들의 학습능력, 집중력, 기억력, 실생활의 적용능력, 심미적인 역량을 통해 생각하고 느끼는 균형사고(내면, 외면)을 학습하도록 돕는다.

4차 산업혁신, 인간의 반응을 향상시키는 창의적 커리큘럼, 지식의 확장성추구

차별5   공교육의 획일적인 교육커리큘럼에서 벗어나 자기주도적인 문제해결 학습능력을 배양하기 위해 시도되는 미래혁신학교의 교육과정에 부합하는 교육이며 글로벌인재들의 역량을 높여 경쟁력을 확보, 교사와 학생들에게 최적화된 맞춤형 교육을 제공, 다양화와 특성화를 갖춘 교육으로 확장된다.

방과후 교실의 경쟁력은 독창적이고 남다른 창의학습 프로그램이 경쟁력

차별6   전국 초, 중 ,고등학교에서 의무적으로 진행되는 창의체험활동/자유학년제/인성교육은 이 수업의 시장성이며 교사들의 활동환경이라 할 수 있다. 그러나 정부의 시책에 부합하는 창의적 체험과 진로교육들을 학교교사가 만든다는 것은 여러 한계에 직면한다. 이미 학교밖 전문기관의 프로그램들이 학교내에서 개설되어 진행되고 있으나 기존의 체험활동과 차별성을 주지 못하고 있는 것이 현실이다.

창의이미지언어독서와 체험을 통한 창의적 사고와 역량진단

차별7   창의이미지언어는 지역내 방과후 창의독서교실을 개설하고 진행함으로써 현장중심의 적용에 집중하여 참여교육자들의 성장과 학습방향성을 진단, 코칭하는 활동을 한다.

자유학년제, 자율동아리로 연계하는 전문적인 코칭교육

차별8   중학생들에게 실시되는 자유학년제의 진로활동과 고등학생들에게 적용되는 자율토론 동아리활동을 통해 청소년들에게 전문적인 창의코칭교육의 접근성을 강조한 과정으로 비교과과정에 한계성으로 지적되던 지속성과 집중력을 보강하였다.

글로벌, 로컬 CIL교육매니저를 양성, 청년혁신가 창업의 기회제공

제 2부 창의이미지언어 적용이론

<창의이미지언어 교육을 찰(察)하다!>

1)창의'S'이론 creativity ability theory

2)창의순환이론 circle theory

3)이중부호화 이론 dual coding theory

4)스키마 이론 schema theory

창의이미지언어 독서토론 〈창의S이론〉

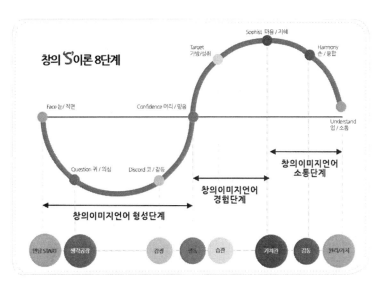

[1단계 직면단계 - 눈]
-일상에 익숙해진 고정관념 속에서 자신의 문제를 정확하게 바라보고 관찰하는 단계
[2단계 의심단계 - 귀]
-책속의 정보만을 신뢰하여 그 외에 소통활동에 장애를 갖는 단계
[3단계 갈등단계 - 코]
-자기중심성으로 모든 문제에 무엇이 문제인지 몰라 왜곡된 관점으로 갈등을 겪는 단계
[4단계 믿음단계 - 머리]
-자신의 지식을 신뢰하는 인문학적 사고를 통해 배움에 대한 자신의 가치관이 형성되는 단계
[5단계 성취단계- 마음]
-다양한 분야에 창의적인 관점과 호기심으로 배움의 명확성이 정리되는 단계
[6단계 지혜단계 - 마음]
-조화로운 사고와 감정과 의지로 독창적 사고가 생성, 일상의 배려와 감동이 나타나는 단계
[7단계 융합단계 - 손]
-관계의 갈등을 분석하고 해결하는 통합적 사고능력이 습득되어 균형을 이루는 실행단계
[8단계 소통단계 - 입]
-배움의 지식이 상대를 배려하는 언어선택으로 누구와도 쉽게 대화하며 소통하는 단계

1. Face : 무엇에 직면했는지 바라보기

범주 - 일상의 고정관념

속성 - 문제를 정확히 보지 않기에 접점을 찾지 못하고 회피하는 사고

규칙 - 왜곡된 관점과 행동으로 소통의 갈등이 증폭, 네트워크나 소속의 참여거부

2. Question : 불확실, 의심을 질문하기

범주 - 경청하지 못하는 의사소통, 정보의 원활한 소통장애

속성 - 신뢰하지 못하는 소통의 마음, 정신, 지성

규칙 - 한방향의 정보습득 & 의사소통단절 & 소속이탈

3. Discord : 내 감정은 어디로 갈 것인가?

범주 - 문제해결, 문제를 바라보는 자기중심적이며 왜곡된 시각

속성 - 기존의 정보와 지식의 간격, 사실의 인지

규칙 - 창의적인 대안을 제시하지 못하는 관점과 사고, 행동유발

4. Confidence : 왜곡되지 않게 머리로 보라!

범주 - 리더십, 책속의 글, 조직의 동료, 학교의 친구, 일상의 상황

속성 - 소모임을 이끄는 긍정(공감)의 소통점

규칙 - 자신의 활동성을 극대화시키는 출발점

5. Target : 무엇을 얻고자 하는가?

범주 - 방향성, 다양한 분야의 관점, 호기심 상승

속성 - 목표의 명확성, 결과물

규칙 - 목표에 대한 시간의 밀도상승, 생각과 행동으로 실행하는 경험

6. Sophist : 나눔에 동참하는 창의적 실행

범주 - 스토리텔링 & 유머감각

속성 - 창의적이며 독창적 사고와 관계의 집중력이 상승

규칙 - 논리적인 사고를 조화롭게 통제하는 추상적 사고 추구

7. Harmony : 통합적인 나눔을 실행하라!

범주 - 다양한 관심, 일상의 관심을 통합시키는 관점의 사고과정
속성 - 다양한 사고들의 조합, 효과성 이해
규칙 - 한가지의 아이디어, 문제, 갈등에 대해 다양한 해결점을 갖는 사고, 행동

8. Understand : 아이의 수준으로 소통하라!

범주 - 겸손한 수준으로 지혜와 지식을 흘려보내는 유연한 사고
속성 - 왜곡됨이 없는 창의적 관점의 사고
규칙 - 일상의 모든 관계성에 수위를 조절하고 효과성에 집중

인간은 성장하면서 최소 5번 성향이 바뀐다. 아동기, 청소년기, 청년기, 성년기, 노년기가 그것이다. 최소 5번의 자기체크를 통해 일상에 직면해야 행복한 삶을 준비할 수 있고 관계성에서 겪게 되는 많은 갈등을 최소화 할 수 있다.

특히 아동기에서 청소년기로 넘어오는 시기에 질풍노도(疾風怒濤)의 불안한 자아정체성을 어떻게 정리하고 일상과 연결하여 발달단계에서 필요로하는 관계성을 견고하게 해주느냐가 중요한 사회화학습에 큰 비중을 차지한다.

청소년시기에 독서를 통해 깊은 사고를 경험하고 내용과 글의 본질을 타인과 소통하는 경험이 반복된다면 홀로 고립된 사고와는 큰 차이를 갖게 될 것이다. 어떤 것이 문제이고 어떤 것에 집중을 해서 역량을 높여야 할까? 책만 많이 읽는 다고 그것이 해결될까?

첫째, 자아인식능력의 차이가 생긴다. 창의성과 인문학을 토론으로 경험하면 어떤 기본적인 것들이 견고해지는지 살펴보자. 견고해진 학습자와 그렇지 못한 학습자와는 무엇이 문제이고 갈등인지 이해하고 필요한 역량에 집중하도록 코칭할 수 있다.

평소에 자신을 소중한 사람으로 여기는 인식이 부족한 아이들은 창의적인 독서를 충분히 하지 못한 아이들 대부분이다. 새로운 일을 하기 전에 늘 그것을 잘 할 수 없을 것이라 생각한다. 하기도 전에 떨어져 있는 자신감은 그 일에 직면하였을 때 더 낮은 성취동기와 결과를 갖는다.

가정, 학교, 직장 등의 배움과 일에 대한 실패와 만족도가 떨어지는 경험은 자신이 정말 이 세상에 가치 있는 사람인가 혹은 쓸모없는 사람인가에 대한 질문을 하게 된다. 어떤 일이든 자신이 중심이 되지 않으면 그 가치를 느끼지 못하고 작은 일에 소홀히 대하는 마음을 갖는다.

일상에서 일어나는 작은 일들에 소홀해진 마음은 삶에 대한 만족감을 떨어뜨린다. 청소년기에 큰 부분을 차지하는 학교생활과 교우생활의 만족감을 느끼지 못하고 다른 것에서 만족을 찾으려하는 방법으로 시간을 채우며 성장한다는 것은 참으로 슬픈 일이다. 관계성이 좋지 않은 아이들은 늘 혼자이거나 그래서 외롭다는 생각을 많이 한다.

누군가와 자신의 생각을 나누는 것이 어려운 일이 되고 자신의 내면과 외면의 것을 밖으로 표현하며 소통하지 못한 경험은 고집스러운 그림자를 갖게 된다. 왜곡된 그림자는 때로 난폭해지거나 내면의 정체성을 흔드는 일들을 일상에서 만들게 되며 관계성에서 점점 더 곤란한 상황으로 가게 된다.

나 를 변 화 시 키 는 4 단 계 생 각 만 들 기
하루 5분 학습

창의이미지언어와 만나보세요!

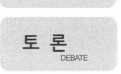

둘째, 갈등조절능력에서 차이가 생긴다.

누구나 살면서 갈등이 생기는 문제를 피할 수는 없다. 그러나 그것을 침착하게 직면하는 청소년들이 있는가 하면 쉽게 당황하여 아무런 해결방법을 찾지 못하고 외면하는 청소년이 있다. 잘 회피하지도 못하면서 두려워하고 부담만 갖게 된다. 청소년기에 갈등은 친구들과의 관계성에서 가장 많이 드러난다. 친구들의 의견이 나와 다르면 그 사람을 의식하여 신경이 예민해지고 결국에는 그 모임(동아리)에서 이탈하는 결정을 내린다.

갈등조절능력이 떨어지면 또래친구나 부모와 의견대립에 직면했을 때 그것을 쉽게 해결하지 못하는 일이 많아진다. 오히려 가까운 친구나 가족에게 자신의 갈등을 공격적으로 표현하는 행동을 보이며 큰 상처를 주고받게 되는 경우를 본다. 이런 경험을 반복하게 되면 아예 갈등이 예상되는 상황이 예측되거나 발견하면 근처에 가지 않고 회피하는 결정을 내린다.

그러나 내 마음속 문제는 회피한다고 없어지는 것이 아니며 언젠가는 다시 또 다른 상황으로 직면하게 됨을 알아야 한다.

간혹 깊지 않은 생각으로 갈등이 발생했을 때, 자기방어기제를 써서 넘기려는 청소년들이 있다. 상황을 합리화시키거나 혹은 자신의 행동에 이유를 만들어 부정하고 회피하는 방향성을 갖는다. 이런 방법들로 한번 넘긴 위기는 더욱 잘못된 방어기제에 신뢰를 갖게 하여 왜곡된 방어기제를 견고히 한다. 이것을 독서의 효과성과 연결하여 타인과의 다툼에서 이기기 위한 방법으로 독서를 선택한다.

창의적인 독서방법을 통해 조화로운 사고와 감정을 가진 청소년들은 적당한 긴장과 갈등을 즐기며 자신의 성취동기를 높이는 데 독서를 사용한다. 시간이 흐를수록 사람을 대하는 소통에서 격차가 벌어지게 된다.

셋째로 문제해결능력의 차이가 생긴다.

청소년들은 해결해야할 문제가 발생하면 한가지의 답만을 찾으려 한다. 지금껏 우리교육이 그래왔고 또 그런 답을 통해 교사나 부모가 칭찬을 해왔기 때문이다. 한가지의 정확한 답은 다양한 아이들의 사고능력을 성장시키지 못하는 결과를 가져온다. 복잡한 문제나 상황이 생기면 부분보다는 전체를 보는 사고로 문제를 세분화시키지 못하고 한 개의 답으로 문제를 해결하려는 고정관념을 내세운다.

이것은 독서를 하면서 다양한 사고를 끄집어내는 훈련으로 해결 될 수 있다. 새롭게 생성되는 시각(관점)의 차이는 문제해결의 큰 영향을 미치기 때문이다.

다가올 미래는 다양한 욕구와 문제들로 넘쳐날 것이다. 이것은 단순한 서비스와 사고로 해결될 일들이 점점 줄어든다는 것이다.

지금까지 문제해결방법으로 해왔던 일상의 익숙한 방법들이 아닌 변화된 사고의 관점을 갖고 문제에 직면해야 한다.

사람들은 어떤 문제를 해결하고 습득된 해결방법을 신뢰하며 오랫동안 사용한다. "3살 버릇이 80세까지 간다"라는 속담은 한번 몸에 익은 버릇은 좀처럼 변화시키기 어렵다는 인간행동의 패턴을 잘 설명해주는 말이다. 그래서 몸에 익은 우리의 습관과 사고에는 늘 고정관념과 편견이라는 것에 휩싸여 바꾸지 못하는 어려움을 만든다.

현장에서 만난 청소년들은 대부분 자신의 문제와 진로에 대해 고민하고 해결방법도 잘 파악하고 있었다. 그러나 안타까운 것은 문제의 원인과 해결방식을 알면서도 그것을 실행(實行)에 옮기는 역량이 부족하여 만족스런 결과를 얻지 못할 때가 많아진다는 것이다.

자신의 진로문제를 고민하다가 책속에서 찾은 교훈으로 방법을 결정하여 인지한 내용으로 문제가 해결되었다고 착각한다. 이것은 논어를 100번 읽었다고 자신이 공자가 되었다 생각하는 것과 다르지 않다.

자신의 진로를 놓고 여러 해 고민하여 얻은 답을 실행에 옮기는데 주저하는 이유를 더 많이 책을 읽지 않았다거나 혹은 더 좋은 책을 찾지 못하여 실패했다고 생각하여 다독(多讀)에만 힘쓰게 된다. 이것은 다독의 문제가 아니다.

인문고전의 논어 한권만 잘 읽어도 2천년전 치열하게 지혜를 언급했던 옛 성현들의 사고를 우리는 배울 수 있다. 어떻게 읽을 것이냐!와 무엇을 끄집어내서 어떤 소통을 현실에서 행(行)할 것이냐!가 중요한 것이다.

넷째로 성취동기능력의 차이가 생긴다.

어떤 일이든 노력하면 이룰 수 있다고 느끼는 청소년과 그렇지 않다고 생각하는 청소년의 행동에는 차이가 발생한다. 그 차이는 어떤 일에 재미를 부여하고 호기심과 흥미를 유발시키는 사고가 있느냐로 나타난다. 이것은 평소 독서를 통해 평범한 문장의 내용이라도 그 뒷이야기를 통해 재미를 부여하고 관심을 갖는 몰입이 스토리텔링과 이미지로 소통하며 높아지는 역량이다. 이 역량이 어려운 일을 포기하지 않고 책임지려는 집중력을 높여준다.

청소년시기에는 특히 어떤 일이건 그것이 나와 관련이 없다고 생각하면 집중력이 약해진다. 그러나 세상 모든 일들이 내 삶속에 관련이 있고 도움이 된다는 긍정적인 생각과 적극적인 행동이 문제해결에 도움이 되며 이것이 목표를 바라보는 유연한 시각과 사고를 결정하도록 이끈다. 자신의 마음속에 소통하고자하는 이유를 스토리텔링으로 만들어 눈에 보이는 시각적인 목표설정으로 시각화하는 경험이 성취동기를 높여주는 핵심포인트가 된다.

마음속에 이루고 싶은 성취동기만큼 미래지향적인 것은 없다. 그러나 독서를 통해 다양한 방법으로 미래를 내다보고 추측하는 통찰력과 사고를 경험하지 않는다면 하루를 내다보는 것조차 힘들게 된다. 성취동기는 내가 이루고자하는 미래의 목표와 연관성이 깊고 내가 살고 있는 삶의 목표와도 연결되어 있다. 꿈꾸는 것을 실현해야할 청소년의 진로가 여기서 시작된다. 명확한 진로는 내가 무엇을 배워야하며 왜 공부를 해야 하는지 아는 것이다. 아이들은 지금의 공부가 미래에 도움을 줄 것이라는 확신을 가져야 한다. 그러면 공부에 우선순위도 스스로 정하며 지식습득의 속도를 내며 시간을 짜임새 있게 쓰는 방법을 알게 된다. 창의적인 리더들은 미래의 상황을 먼저 생각해보고 경험하는 사람들이다.

다섯째로 대인관계능력의 차이이다.

상담을 요청한 청소년들과 이야기를 하며 종종 이런 말을 듣는다.
〈누군가 한명이라도 자신의 이야기에 귀를 기울여주고 진심으로 지지해주었다면 이런 일은 하지 않았을 거예요!〉

현대인들은 누구나 외롭다. 그런 외로움을 이겨내기 위해 대인관계를 갖는다. 가장 작은 단위는 가정이다. 그리고 회사, 지역사회, 국가가 된다. 관계성은 어릴적 가정에서 습득되고 길러진다. 그러나 가족(가정)의 형태가 변화하고 역할이 약해진 요즘, 관계성에 대한 학습을 부모에게서 배우지 못한 청소년들이 학교에 진학하고 직장에 입사한다. 이것은 가정해체의 청소년 일수록 더 심하다.

가까운 친구나 동료와 대화할 때 진심으로 마음을 터놓고 대화해본 적이 있나요? 혹은 잘 모르는 사람에게 내가 먼저 말을 건네는 편인가요? 아니면 상대방이 올 때까지 기다리는 성향인가요?

　청소년들은 또래친구들과의 지속적인 관계를 유지하지 못하고 곧 갈등을 겪고 관계성을 끊는 친구들이 많다. 혹은 일반적으로 깊은 관계를 갖지 못하는 경우도 늘어간다. 오랫동안 관계를 형성하는 데 어려움을 토로하는 청소년들이 의외로 많다.

　이런 문제들은 왜 일어날까? 결국 상대방의 입장에서 생각해보고 공감해주는 의사소통과 배려를 알지 못하기 때문이다. 경청이라는 것도 대인관계능력에 중요한 부분이다. 씰창의독서토론에서는 상대의 이야기를 듣지 않으면 토론이 진행되지 않는 장점을 갖고 있다. 나만 홀로 주도하는 대화가 아니라 다른 사람의 의견을 잘 들어야 내 것을 말할 수 있다는 사실을 경험하는 게 중요하다. 그러나 모두가 알고 있는 이 사실을 잘 행(行)하지 못한다. 그 이유가 무엇일까?

　경청이 어려운 이유는 많다. 그중에 몇 가지 이야기해보면 이렇다.
첫째, 경청은 혼자 할 수 없다. 글을 쓰거나 책을 읽는 것은 혼자 연습하고 훈련할 수 있지만 경청은 꼭 상대방이 있어야 훈련이 가능하다.

　둘째, 말하는 것과 듣는 것이 반복될 때 사람은 상대방의 말을 듣고 미래에 일어날 생각을 먼저 한다. 말보다 생각이 4배가 빠른 이유이기도 하다.
우리는 말을 듣고 생각의 속도를 늦춰서 생각의 행간을 맞추는 훈련이 필요하다. 그렇지 않으면 말의 속도로는 생각의 속도를 절대 따라잡을 수 없기에 상대화의 대화호흡에 필요한 경청이 어려워진다.

　마지막으로 상대방의 다양성을 존중하고 인정하지 않으면 바른 경청을 할 수 없다. 자신의 생각이 옳고 다른 사람의 의견은 중요하지 않다고 생각하면 두 개의 귀로도 절대 상대방의 이야기가 들리지 않는다.

청소년이나 청년이나 직장인 등의 리더십에 대한 훈련은 개인의 책임성에 맡겨져 있다. 학교에서 리더십을 따로 가르쳐주지 않고 새로 들어간 직장에서도 신입들을 위해 리더십 교육을 정규적으로 마련해주는 회사는 많지 않다. 이처럼 리더십은 학교밖 혹은 회사 밖의 교육프로그램을 챙겨서 들어야하는 노력을 수반한다. 그런 반면 어디서나 우리는 인재를 말할 때 리더십을 필요로 한다. 어딘가에서 리더십을 지속적으로 쉽게 배울 수 있는 곳이 있다면 얼마나 좋을까?

리더십이란 자기가 맡은 일에 끝까지 최선을 다하고 책임을 지는 것이라 말한다. 틀린 말은 아니다. 특히 교사는 리더십이 있어야 좋은 교사라 하겠다. 학부모들은 너무나 자주 교사가 바뀌는 학원을 깊게 신뢰하지 않는다. 실력과 가르침의 기술보다도 아이들을 끝까지 지켜내고 또 지켜봐주는 역량이 더 필요해 보인다.

결국, 나 자신의 유익에 의해서 판단하고 행동하는 것 보다 타인의 의견을 따르고 좀 더 큰 뜻으로 배려하는 마음이 리더십의 근본이라 하겠다.

사람들은 대부분 어떤 일에 대가를 바라고 계산한다. 그것이 당연한 것일 수 있다. 그러나 종종 대가없이 남을 돕는 일에 즐거워하고 그것이 알려지는 것을 조심하는 사람들이 있다. 꼭 내일이 아니더라도 그것을 해결하기 위해 최선을 다하는 모습에서 리더십은 성장한다.

〈씰스쿨〉의 창의적인 독서토론은 혼자서 참여하는 활동이 아니다. 소규모의 그룹을 구성하고 다양한 사고의 토론을 통해 재미있는 영상에 필요한 스토리텔링을 만드는 활동도 포함된다. 상상스토리에 맞는 이미지나 영상을 만들려 한다면 그 속에 참여한 학생들에게 다양한 역할이 다르게 주어진다. 카메라를 맡은 친구, 조명을 잡고 있는 친구, 컴퓨터 편집을 좋아하는 친구, 감독처럼 "큐"를 외치는 친구, 글을 쓰는 친구, 캐릭터를 움직이는 친구 등이 자신의 역할을 하며 하나의 스토리에 집중한다.

이런 방법은 독서토론에도 동일하게 적용된다. 같은 문장의 책을 읽어도 그것을 소통하는 역할은 저마다 다르게 표현된다. 그것을 배려하고 끄집어내주는 것이 씰스쿨의 독서토론 교실이다.

역할 놀이에 참여하는 아이들은 자신의 책임감 역량을 높이며 과정 속에서 스스로 해야 할 일들을 찾고 참여한다. 상대방의 역할을 자연스럽게 관찰한다. 이 과정을 반복하면서 독서를 하고 소그룹활동을 경험한 청소년은 상황 속에서 동료를 배려하는 방법을 알고 지도하는 리더가 된다.

어떤 모임이던 자신의 존재감은 역할에서 온다. 그런 형태의 경험을 책으로 다양하게 반복한 아이들만이 특별한 상황에서 창의적인 역할을 찾는다. 참여구성원들의 의견을 조율하고 특징을 만들어내는 일을 담당한다. 그것으로 갈등을 키우고 구성원과 싸우거나 일로 공동체를 깨는 행동은 하지 않는다.

이미 소규모그룹 활동을 통해 다양한 구성원의 생각을 받아들이고 표현해본 과정을 경험한 친구들은 그 결과를 예측하고 만들어졌을 때의 기쁨을 알기 때문에 과정에서 겪는 갈등을 참고 견딘다. 처음과 끝을 보는 관점이 생기는 것이다. 그것이 통찰력이고 추진력이다. 이 두 가지는 일반적인 독서와 토론으로는 습득하기 어려운 역량이다.

창의순환이론
Circle Theory

직면단계 **[1단계 창의이미지언어 기반의 순환훈련 시작]**
내게 관심이 있는 분야의 호기심과 궁금증이 시작되는 단계

의심단계 **[2단계 새로운 교육의 개념정리]**
유발된 관심분야의 호기심과 궁금증을 이해, 개념적 정의를 내리고 정리하는 단계

갈등단계 **[3단계 독서교육 및 훈련참여]**
2단계에서 정리된 개념에 필요한 독서기술습득을 위해 프로그램을 배워가는 단계

믿음단계 **[4단계 생각공장 & 작심으로 이끄는 믿음단계]**
궁금증과 호기심을 채워주는 교육 프로그램 관련 끊임없이 생각을 만들어내는 단계

성취단계 **[5단계 행동의 성취단계]**
4번째 단계에서 정리된 개념과 사고를 통해 끊임없이 떠오르는 생각들을 통해 작심한 감정(의지)에 대해 행(行)하는 단계

지혜단계 **[6단계 습관형성의 지혜단계**
5단계의 행동들이 무한반복하면서 습관을 갖게 되는 단계

융합단계 **[7단계 가치관과 세계관의 융합단계]**
습관들이 모여 세계관과 가치관이 융합되는 단계

감동단계 **[8단계 세계관을 통한 감동단계]**
7단계의 융합단계를 통해 타인과 세상을 위한 행함으로 주변에 감동을 주는 시각과 관점이 형성되는 단계

믿음단계 **[9단계 가치와 원리는 만드는 초월적 믿음단계]**
무엇을 바라보던 초월적 역량을 통해 관심분야의 가치와 원리를 알아가는 자신의 믿음이 생기는 단계

소통단계 **[10단계 새로운 호기심으로 배움의 소통을 찾는 단계]**
독서교육을 가르치고 나누는 일상의 소통으로
새로운 궁금증과 호기심을 찾는 배움이 다시 시작되는 단계

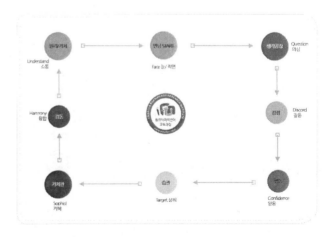

스키마 이론 Schema Theory

기억 속에 저장된 과거의 지식이다.

학습과 기억이 스키마에 기초한다고 보는 인지이론으로 과거의 배경지식이 현재에 새로운 배움에 관련되어 있어서 과거의 반응이나 경험에 의해 생성된 생물체의 지식 또는 반응체계로서 **현재의 환경에 대해 적응**하고 대처하도록 도와주는 역할을 담당한다.

선험적인식의 핵심개념(Kant)으로 언급하였다. 인간의 감각과 범주화된 지성을 이용하여 대상을 인지하는 과정에서 이 둘을 연결시켜주는 매개체가 필요하다.

또한, 스키마는 인지의 범주에서 지성의 기능에 **감성의 선험적인 형식조건도 함유**한다고 말한다. (개인무의식 속에 습득된 본능적 역량)

이중부호화 이론 Dual Coding Theory

책속의 글을 읽으면서 인지하는 모든 지식들에 대하여 **시각(이미지언어)부호와 어문(텍스트언어)부호를 나누어서 활용**하여 표상하면 기억이 향상된다는 이론이다.

'낮잠'을 부호화할 때, '낮잠' 라는 단어뿐만 아니라, 심상(그림, 소리 등)까지 같이 기억하는 경우에 심상이나 단어 중 하나만 인출해도 그 항목을 재생할 수 있다.

즉, 하나의 핵심(근원)단어에 표상하는 두 개의 기억 부호를 가지면 하나의 기억 부호를 갖는 것보다 그 항목을 재생할 확률(2배 이상)이 증가한다는 이론이다.

Fair Start for Children

씰스쿨 창의이미지언어 독서진행단계

01

읽기
Reading

스스로 생각하도록 도와줍니다.
인문고전과 우화를 읽으며
생각의 Data를 쌓아갑니다.

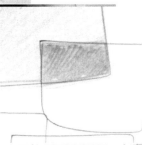

02

그리기
Drawing

입체사고를 갖도록 도와줍니다.
새로운 지식을 어떻게 만들 것인가!

03

연상
Thinking

지식과 지혜가 연결됩니다.
쌓인 지식을 어떻게 쓸 것인가

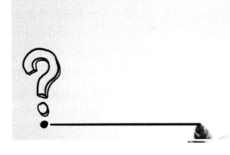

04

토론
Debate

나보다 우리가 중요해집니다.
무엇을 활용하여 소통 할 것인가!

씰스쿨 창의이미지언어 독서방법

- 인원 : 1팀에 8~10명 내외로 구성
- 대상 : 초등, 중등, 고등, 대학, 교사, 학부모, 직장인 등

1단계 : 논어*이솝우화의 주제글 읽고 토론하기

- 단원별로 제시되는 논어*이솝우화를 한편씩 읽는다.
- 주제문장에 나타난 내용 중에 중요문장/단어를 선택한다.
- 핵심단어와 문장을 활용하여 토론한다.

2단계 : 핵심단어로 연상하기

- 핵심문장 속에서 중요한 핵심단어를 찾는다.
- 핵심단어와 자신의 경험, 지식 등을 연상하여 토론한다.

3단계 : 핵심단어로 창의이미지언어 그리기

-핵심단어로 연상되는 경험을 생각한다.
-경험을 생각하며 이미지로 연상한다.(3개의 기억부호저장)
-작품에 제목을 붙여본다.

4단계 : 핵심문장, 단어 & 이미지로 글쓰고 토론하기

- 주제정리와 핵심단어, 이미지로 정리된 내용을 글로 정리한다.
- 논어*이솝우화의 핵심이 되는 중심교훈을 정리한다.
- 자신의 글에 제목을 정한다.
- 자신이 글을 쓴 돌아가면 읽어본다.

창의이미지언어 독서수업

Fair Start for Children

몸을 움직이며 공부해요!

소리를 내며 리딩해요!

친구의 의견을 경청해요!

차이를 관찰해요!

이미지를 떠올리며 연상해요!

호기심과 재미에 집중해요!

마음속 생각을 이야기로 만들어요!

나열하고 연결해요!

1. 논어, 공자에 대하여

【 씰스쿨 - 공자의 생애 】

공자에 대하여
BC 479-551

중국, 철학자
4대성인

논어란 공자와 그 제자들이 세상사는 이치나 교육, 문화, 정치 등에
관해 논의한 이야기들을 모은 책이다.

그 안에 공자의 ①혼잣말을 기록해 놓은 것도 있고 ②제자의 물음에
공자가 답한 것, 그리고 ③제자들끼리 하던 이야기도 있다. 또한 제자
이외에 당대의 ④정치가들이나 ⑤은자(隱者)들 또는 ⑥마을 사람들과
나눈 이야기도 기록되어 있다. 그래서 책 제목이 논어<토론한 이야기-
논의하여 정리한 책>가 되었다.

동아시아 인문주의의 원형이 된
고대 중국의 사상가

지금까지 논어와 관련된 책은 3천권이 넘게 발간되었다. 그만큼
대중적으로 관심을 받는 뜻이기도 하겠지만, 이는 논어라는 책의
보편적 가치와 특성을 말해준다.
고전 중에서도 글이 간략하고 함축적이며 구어체의 문투가 그대로
살아 있다.

유교적 합리주의, 인문주의의
길을 놓은 공자

이상을 추구했던 공자. '아니 될
줄 알면서도 애써 행하려는 자'

-독자의 수준에 따라 다른 차원의 독해가 가능하다.

-이름은 구(丘)이고 자(字)는 중니(仲尼)이다.
-공자를 일컫는 영어 콘휴셔스(Confucius)는 존칭인 공부자(孔夫子)의
라틴어식 표기

짧은 정치적 영광과 긴 방랑,
그리고 애제자의 죽음

-기원전 551년 노나라 추읍에서 태어남 <산둥성 곡부>
-주나라의 제후국으로 주나라의 문화에 관심을 가지며 성장
-숙량흘 & 안징재 사이에서 야합(野合)으로 태어남(사기 기록)
-홀어머니 밑에서 가난한 삶으로 어린시절 보냄
-창고지기 & 가축관리 등의 천한 일 맡음
-19세 기관씨의 딸과 결혼(부인의 기록은 거의 없음)
-15살에 학문에 뜻을 두고 <지우학>
-30세에 자립 <이립>

-타삼도에 실패하여 14~5년간 긴 방랑 후 노나라로 돌아옴 (68세)
-노나라의 실권은 없으나 명망있는 원로로 대접
-시(詩), 서(書), 역(易), 예(禮), 악(樂), 춘추(春秋) 육경(六經)을 편찬
-479년 73세의 나이로 일생을 마침

-공자의 시대에는 예를 익히고 가르치는 지식인들이 많았다. 이들은 예(禮)에 관한 지식을 기반으로 하여 제후나 세도가들에게 교육, 문화, 정치 등에 관해 자문, 자녀교육을 담당했다. (공자의 제자들)

유교무류(有敎無類)에 나타난 혁신가로서의 공자

공자는 출신 성분, 사회적 지위를 상관하지 않고 제자들을 받아들였다. 이는 **유교무류(有敎無類)**, 즉 '가르침에는 차별이 없다' '배우고자 하는 이에게는 누구에게나 배움의 문을 열어주어야 한다'는 생각이다. 오늘날에는 당연해 보이는 이 생각은 그러나 공자 당시에는 매우 혁신적이었다. 공자의 교육 목표는 군자(君子), 즉 정치를 맡아 다스리는 사람을 육성하는 것이었는데, 정치를 맡아 다스리는 일은 전통적인 신분 질서에 따라 귀족들이 세습했다. 그러나 공자는 타고난 신분이 아니라 갈고 닦은 능력과 덕성이 중요하다고 본 것이며, 여기에서 혁신가로서의 공자의 면모를 찾을 수 있다.

공자는 은왕족의 혈통을 이어 춘추시대 말기에 태어났다. 아버지의 성은 숙량, 이름은 흘이며 어머니는 안씨 집안으로 이름은 징재이다. 아버지는 제나라와의 싸움에서 군공을 세운 부장이었으나, 공자가 3세 때 별세하여 빈곤 속에서 자랐다.
노나라의 창시자로 주왕조 건국의 공신이기도 했던 주공을 흠모하여 그 전통적 문화습득에 노력했으며 수양을 쌓아 점차 유명해졌다.

제자는 모두 3천명이 넘으며 특히 공자 육예(孔子六艺)의 예 (礼) 악(乐) 사(射) 어(御) 서 (书) 수(数)에 통달한 문인이 72명.(사기언급)

-이상에 미래를 건 위대한 교육자.

생애

공자는 춘추말기에 주나라의 봉건질서가 쇠퇴하여 사회적 혼란이 심해지자 주왕조 초의 제도로 복귀해야 한다고 주장, 그는 위정자는 덕이 있어야 하며 도덕과 예의에 의한 교화가 이상적이라고 보고, 인은 〈사람을 사랑하는 것〉이라고 정의했다.

그리스도교의 사랑이나 불교의 자비와는 다른, 부모형제에 대한 골육의 애정 곧 효제(孝悌)를 중심으로 타인에게도 미친다는 사상이다. 모든 사람이 인덕(仁德)을 지향하고 인덕(仁德)을 갖춘 사람만이 정치적으로 높은 지위에 앉아 인애(仁愛)의 정치를 한다면 세계의 질서도 안정을 찾을 수 있다고 생각했던 것이다. 그 수양(修養)을 위해 부모와 연장자를 공손하게 모시는 효제의 실천을 가르치고 이를 인(仁)의 출발점으로 삼았다.

또 충(忠), 즉 성심을 중히 여겨 그 옳고 곧은 발로인 신(信)과 서(恕)의 덕을 존중했는데 이러한 내면성을 중시하고 전승한 것이 증자(曾子) 일파의 문인이다. 그러나 공자는 또한 인의 실천을 위해서는 예(禮)라는 형식을 밟을 필요가 있다고 하였다.

예란 전통적, 관습적 형식이며, 사회규범으로서의 성격을 가진다. 유교에서 전통주의를 존중하고 형식을 존중하는 것은 바로 이 점에 입각한 것이며 예라는 형식에 따름으로써 인의 사회성과 객관성이 확실해진 것이다.

저작   공자는 6예 모두에 관계하였다. 시경(詩經), 서경(書經)을 편찬하여 예(禮), 악(樂)을 제정하였고 역경(易經)을 주석하였으며 춘추(春秋)를 창작하였다. 오늘날에는 이 점이 의문시되고 있지만, 이들 경전이 과거에 중국에서 권위를 가졌던 것은 공자에 의해서 이루어졌다는 신앙 때문이다. 공자가 세상을 떠난 뒤 그 제자 또는 재전의 제자가 공자의 언행록을 편찬하였다. 논어<20편>가 그것으로 공자의 사상을 알기 위한 믿을 수 있는 유일한 자료이다.

-논어는 공자와 제자들의 언행록으로 사서오경(四書五經)의 하나이다.

논어내용   공자의 말, 공자와 제자 사이의 대화, 공자와 당시 사람들의 대화. 제자들의 말, 제자들간의 대화 등으로 구성되어 있다. 물론 이들 모두는 공자라는 인물의 사사와 행동을 보여주려는 데 초점이 맞추어져 있다.

신 (信)

[논어 주제 문장]

曾子曰: "吾日三省吾身: 爲人謀而不忠乎?
與朋友交而不信乎? 傳不習乎?"

증자왈: "오일삼성오신: 위인모이불충호?
여붕우교이불신호? 전불습호?"

증자가 말하길
나는 하루에 세 가지로
나 자신을 돌아본다.
남을 위해 하는 일에 충실
했는가? 친구와 사귀는 데
신의가 있었는가?
스승에게 배운 것을 제대
로 익혔는가?

子曰 자왈   공자께서 말씀하셨다.
苟有用我者 구유용아자 / "진실로 나를 써 주는 사람이 있다면
朞月而已可也 기월이이가야 / 일 년만에도 기강은 잡을 것이고,
三年有成 삼년유성 / 삼 년이면 뭔가를 이루어 낼 것이다."

子曰 자왈   공자께서 말씀하셨다.
人而無信 不知其可也 인이무신 부지기가야
"사람에게 신의가 없으면, 그 쓸모(좋은점)를 알 수가 없다.

큐브핵심단어

핵심단어 정리내리기!

*오늘의 핵심단어 결정하기!

[정리된 문장]

[   ]

여우와 표범 The Fox and the Leopard

[주제 문장]

옛날에 여우와 표범이 누가 더 아름다운지에 대해

말다툼을 하고 있었다.

표범은 자기 몸을 장식하고 있는

여러 반점을 하나하나 보여주었다.

겉모습보다는 지혜 쪽을 훨씬 더 자랑스러워했던 여우가

마침내 표범의 말을 가로 막으며 말했다.

하지만 뭐라해도 내 쪽이 훨씬 더 아름다워

나는 겉모습뿐만 아니라 마음까지도 비단결 같거든

큐브핵심단어

핵심단어 정리내리기!

*오늘의 핵심단어 결정하기!

[정리된 문장]

[   ]

[오늘의 핵심단어]

* 문장만들기 :

씰 스쿨 인문독서교실

논어, 이솝우화, 창의이미지, 에세이
3단계의 작업을 통해 정리된 내용을 메모하고 토론을 시작해 봅니다.

논어주제문장
이솝우화
창의이미지
에세이
3단계의 작업을 통해
정리된 내용을 메모하고
토론을 시작해 봅니다.

토론을 통해 느낀 것	내 비전과 연결하기	일상에서 실천할 것

독서와 글쓰기의 바탕은 어휘이해력

차이를 만드는 독서전략

예 (禮)

[논어 주제 문장]

子曰 人而不仁 如禮何 人而不仁 如樂何
자왈 인이불인 여례하 인이불인 여악하

The Master said, If a man be without the virtues proper to humanity, what has he to do with the rites of propriety? If a man be without the virtues proper to humanity, what has he to do with music?

공자께서 말씀하시길 " 사람으로서 어질지 않으면 예를 배워 무엇하며 사람으로서 어질지 않으면 음악을 배워 무엇하겠느냐?

林放問禮之本 子曰 大哉問! 禮, 與其奢也 寧儉 ; 喪與其易也 寧戚
임방문례지본 자왈 대재문! 례, 여기사야 영검 ; 상여기이야 영척

Lin Fnag asked what was the first thing to be attended to in ceremonies. The Master said, A great question indeed! Infestive ceremonies of mourning, it is better that there be deep sorrow than in minute attention to observances.

임방이 예의 근본을 묻자 공자께서 말씀하시길 훌륭한 질문이다. 예는 사치하기보다는 검소해야하고 초상은 형식을 잘 갖추기보다는 슬퍼하는 것이 낫다. 〈3장 팔일편〉

임금이 불러 나라의 손님을 접대하게 하면, 얼굴빛을 바로잡으시고 공경스럽게 발걸음을 옮기셨다. 함께 서 있는 사람에게 인사를 하실 때는 마주잡은 두 손을 좌우로 돌리면서 사람들에게 읍을 하셨는데 읍을 하실 때마다 옷이 앞뒤로 가지런히 움직이셨다. 바른 걸음으로 나아가실 때에는 손의 움직임이 새가 날개를 편 듯 단정하셨다. 손님이 물러간 후에는 반드시 "손님께서 뒤돌아보지 않으시고 완전히 떠나셨습니다"라고 보고하셨다. - 향당3

큐브핵심단어

핵심단어 정리내리기!

*오늘의 핵심단어 결정하기!

[정리된 문장]

[ ]

황소와 송아지 The Bull and the Calf

[주제 문장] 옛날에 황소 한 마리가 자신의 축사로 가는 좁은 길에

무리하게 빠져 나가려고 하고 있었다.

그러자 어린 송아지가 말했다.

제가 빠져 나가서 통과하는 법을 가르쳐 드릴게요.

전 여러 번 해본 적이 있거든요

그럴 필요 없어. 황소가 말했다.

난 네가 태어나기 전부터 통과하는 법을 알고 있었어.

큐브핵심단어	핵심단어 정리내리기!

*오늘의 핵심단어 결정하기!

[정리된 문장]

[   ]

[오늘의 핵심단어]

그리기
Drawing

* 문장만들기 :

씰 스쿨 인문독서교실

논어, 이솝우화, 창의이미지, 에세이
3단계의 작업을 통해 정리된 내용을 메모하고 토론을 시작해 봅니다.

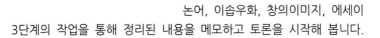

논어주제문장
이솝우화
창의이미지
에세이
3단계의 작업을 통해
정리된 내용을 메모하고
토론을 시작해 봅니다.

토론을 통해 느낀 것	내 비전과 연결하기	일상에서 실천할 것

독서와 글쓰기의 바탕은 어휘이해력

자신의 마음속 생각을 말하는
글쓰기전략

인 (仁)

[논어 주제 문장]

안연이 인에 대해 묻자 공자왈 "자기를 이겨내고 예로 돌아가는 것"이 인이다. 하루만이라도 자기를 이겨내고 예로 돌아가면 천하가 인(仁)에 귀의할 것이다. 인을 실천하는 것이야 자신에게 달린 것이지 다른 사람에게 달린 것이겠느냐!

구체적인 방법을 안연이 묻자. 공자왈 예가 아니면 보지 말고 예가 아니면 듣지 말며, 예가 아니면 말하지 말고, 예가 아니면 움직이지 말아라.

"제가 비록 총명하지는 못하오나, 이 말씀을 명심하고 실천하겠습니다."

顔淵問仁. 子曰 克己復禮爲仁 一日克己復禮 天下歸
안연문인 자왈 극기복례위인 일일극기복례 천하귀
仁焉 爲仁由己 而由仁乎哉? 顔淵曰 請問其目
인언 위인유기 이유인호재? 안연왈 청문기목
子曰 非禮勿視 非禮勿聽, 非禮勿言, 非禮勿動.
자왈 비례물시 비례물청, 비례물언, 비례물동.
顔淵曰 回雖不敏, 請事斯語矣
안연왈 회수불민, 청사사어의

Yen Yuan asked about perfect virtue. The Master said, To subdue one's self and return to propriety, os perfect virtue. If a man can for one day subdue himself and return to propriety, an under heaven will ascribe perfect virtue to him. Is the practice of perfect virtue form a man himself, or is it form others? Yen Yuan said, beg to ask the steps of that process. The Master replied, Look not at what is contrary to propriety; listen not to what is contrary to propriety; speak not what is contrary to propriety; make no movement which is contrary to propriety. Yen Yuan then said, Though I am deficient in intelligence and vigor, I will make it my business to practice this lesson.

12장 안연편

큐브핵심단어   핵심단어 정리내리기!

*오늘의 핵심단어 결정하기!

[정리된 문장]

[   ]

난파당한 사람

[주제 문장]

아테나이의 어떤 부자가

다른 승객들과 함께 항해를 하고 있었다.

세찬 폭풍이 일어 배가 뒤집히자

다른 사람들은 모두 살기 위해 헤엄쳤다.

그러나 아테나이 사람은 계속해서 아테나 여신을 부르며

자기를 구해주면 수없이 많은 제물을 바치겠다고 서약했다.

난파당한 사람들 가운데 한명이 그의 옆에서 헤엄치다가

그에게 말했다.

"아테나 여신에게 도움을 청하는 것도 좋지만,

당신 손도 움직여야죠."

큐브핵심단어

핵심단어 정리내리기!

*오늘의 핵심단어 결정하기!

[정리된 문장]

[   ]

[오늘의 핵심단어]

* 문장만들기 :

씰 스쿨 인문독서교실

논어, 이솝우화, 창의이미지, 에세이
3단계의 작업을 통해 정리된 내용을 메모하고 토론을 시작해 봅니다.

논어주제문장
이솝우화
창의이미지
에세이
3단계의 작업을 통해
정리된 내용을 메모하고
토론을 시작해 봅니다.

토론을 통해 느낀 것	내 비전과 연결하기	일상에서 실천할 것

비판적 사고를 키우는 핵심토론

협상과 타협의 능력을 높이는

토*론*전*략

효(孝)

[논어 주제 문장]

도리에 어긋나지 않아야 한다. 어버이가 살아계실 때에도 예를 다해 섬기고 돌아기신 뒤에도 예를 다해 장사 지내며 제사 지낼 때에도 예를 다해야 한다.

좋은 얼굴로 부모를 대하는 것은 어려운 일이다. 일이 있을 때, 자식이 그 수고로움을 대신하고 술과 밥이 있을 때, 부모에게 먼저 잡숫게 하는 것만이 효라고 할 수 있겠느냐?

<2장 위정편>

孟懿子問孝, 子曰: "無違." 樊遲御, 子告之曰: "孟孫問孝於我, 我對曰: '無違.'" 樊遲曰: "何謂也?" 子曰: "生, 事之以禮; 死, 葬之以禮, 祭之以禮." (맹의자문효, 자왈: "무위." 번지어, 자고지왈: "맹손문효어아, 아대왈: '무위.'" 번지왈: "하위야?" 자왈: "생, 사지이례; 사, 장지이례, 제지이례.")

孟武伯問孝, 子曰: "父母唯其疾之憂."
(맹무백문효, 자왈: "부모유기질지우.")
부모는 오직 자식이 병들까 그것만을 걱정할 뿐이다.

子游問孝, 子曰: "今之孝者, 是謂能養. 至於犬馬, 皆能有養, 不敬, 何以別乎?" (자유문효, 자왈: "금지효자, 시위능양. 지어견마, 개능유양, 불경, 하이별호?")
요즘의 효라는 것은 오직 봉양을 말하지만 이런것들은 개나 말에게도 할 수 있는 것이다. 공경하는 마음이 없다면 짐승을 먹이는 것과 효가 어떻게 구별할 수 있겠느냐?

子夏問孝, 子曰: "色難. 有事, 弟子服其勞; 有酒食, 先生饌, 曾是以爲孝乎?" (자하문효, 자왈: "색난. 유사, 제자복기로; 유주식, 선생찬, 증시이위효호?")

큐브핵심단어

핵심단어 정리내리기!

큐브핵심단어

핵심단어 정리내리기!

*오늘의 핵심단어 결정하기!

[정리된 문장]

[   ]

토끼와 사냥개 The Hare and the Hound

[주제 문장] 토끼를 뒤쫓던 사냥개가 그 토끼가 매우 빠르다는 것을 알고

결국 뒤쫓는 것을 단념했다.

개 주인이 이것을 보고 말했다. 작은 놈이 더 빠르다니 그런거냐?

그러자 개가 대답했다. 아, 주인님. 비웃으셔도 상관없지만.

당신은 토끼와 저의 차이를 모르시는군요

전 단지 저녁거리를 위해 달렸지만,

그 녀석은 목숨을 걸고 달렸다구요.

큐브핵심단어

핵심단어 정리내리기!

*오늘의 핵심단어 결정하기!

[정리된 문장]

[   ]

[오늘의 핵심단어]

* 문장만들기 :

씰 스쿨 인문독서교실

논어, 이솝우화, 창의이미지, 에세이
3단계의 작업을 통해 정리된 내용을 메모하고 토론을 시작해 봅니다.

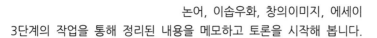

논어주제문장
이솝우화
창의이미지
에세이
3단계의 작업을 통해
정리된 내용을 메모하고
토론을 시작해 봅니다.

토론을 통해 느낀 것	내 비전과 연결하기	일상에서 실천할 것

독서와 글쓰기의 바탕은 어휘력

책읽기 습관은 흥미로 시작

학 (學)

[논어 주제 문장]

배우려는 열의가 없으면 이끌어주지 않고, 표현하려고 애쓰지 않으면 일깨워주지 않으며, 한 모퉁이를 들어 보였을 때, 나머지 세 모퉁이를 미루어 알지 못하면 반복해서 가르쳐 주지 않는다.
공자께서는 네 가지를 가르치셨으니, 그것은 바로 학문, 실천, 성실, 신의였다.

〈1장 학이편〉

學而時習之 不亦說乎 학이시습지 불역열호
배우고 때때로 그것을 익히면, 또한 기쁘지 않은가?

有朋自遠方來 不亦樂乎 유붕자원방래 불역낙호
벗이 먼 곳에서 찾아오면 또한 즐겁지 않은가?

人不知而不慍 不亦君子乎 인부지이불온 불역군자호
남이 알아주지 않아도 성내지 않으면 또한 군자답지 않은가?

The Master said, Is it not pleasant to learn with a constant perseverance and application? Is it not delightful to have friends coming from distant quarters? Is he not a man of comlete virtue, who feels no discomposure though men may take no note of him?

큐브핵심단어

핵심단어 정리내리기!

*오늘의 핵심단어 결정하기!

[정리된 문장]

[   ]

당나귀와 개구리

[주제 문장] 장작을 지고 가던 당나귀가 늪을 지나가다

발이 미끄러져 넘어지고 말았다.

일어나지 못하는 당나귀가 울면서 허우적댔다.

이 모습을 본 개구리들이 당나귀 울음소리를 들으며 말했다.

이봐, 잠깐 넘어진 것 가지고 그렇게 울어대다니

우리처럼 이곳에서 오래 살면 대체 어떻게 하려고 해?

큐브핵심단어

핵심단어 정리내리기!

*오늘의 핵심단어 결정하기!

[정리된 문장]

[   ]

[오늘의 핵심단어]

* 문장만들기 :

씰 스쿨 인문독서교실

논어, 이솝우화, 창의이미지, 에세이
3단계의 작업을 통해 정리된 내용을 메모하고 토론을 시작해 봅니다.

논어주제문장
이솝우화
창의이미지
에세이
3단계의 작업을 통해
정리된 내용을 메모하고
토론을 시작해 봅니다.

토론을 통해 느낀 것	내 비전과 연결하기	일상에서 실천할 것

청소년기에 잡힌 독서습관
미래가 달라집니다!

지 (知)

[주제 문장]

지혜로운 사람은
물을 좋아하고
어진 사람은 산
을 좋아한다. 지
혜로운 사람은
움직이고 어진
사람은 고요하
다. 지혜로운 사
람은 즐거워하고
어진 사람은 오
래 산다.
〈6장 옹야편〉

子曰 자왈 蓋有不知而作之者 개유부지이작지자
공자왈 제대로 알지도 못하며 새로운 것을 창작하는 사람이 있다.

我無是也 아무시야 **多聞擇其善者而從之** 다문택기선자이종지
나는 그런 일은 하지 않는다. 많이 듣고 그 중 좋은 것을 택해 따르며,

多見而識之 다견이식지 **知之次也** 지지차야
많이 보고 그 중에 좋은 것을 마음에 새겨 둔다면,
이것이 진실로 아는 것에 버금가는 일이다."

子曰: 知者樂水 仁者樂山 知者動 仁者靜 知者樂 仁者壽
지자요수 인자요산 지자동 인자정 지자락인자수
The Master said, The wise find pleasure in water, the virtuous
find pleasure in hills. The wise are active, the virtuous are
tranquil. The wise are Joyful, the virtuous are lin-lived.

큐브핵심단어

핵심단어 정리내리기!

*오늘의 핵심단어 결정하기!

[정리된 문장]

[   ]

피리부는 어부

[주제 문장]   피리를 잘 부는 어부가 피리와 그물을 가지고 바다로 갔다.

툭 튀어나온 바위위에 자리잡고 서서 그는 먼저 피리를 불기 시작했다.

고기들이 달콤한 소리에 이끌려 자진하여 바다에서 자기를 향해

뛰어오를 것이라고 믿었던 것이다.

그러나 아무리 애를 써도 아무 소용이 없자

그는 피리를 놓고 투망을 집어 들었다.

그러고는 투망을 물속에 던져 고기를 많이 잡았다.

그는 고기들을 그물에서 꺼내 바닷가로 던지며 고기들이

파닥거리는 것을 보고 말했다.

"고얀한 녀석들 같으니라고. 내가 피리 불 때는 춤추지 않더니,

피리를 멈추니까 뛰기 시작하는구먼!"

큐브핵심단어

핵심단어 정리내리기!

*오늘의 핵심단어 결정하기!

[정리된 문장]

[   ]

[오늘의 핵심단어]

* 문장만들기 :

씰 스쿨 인문독서교실

논어, 이솝우화, 창의이미지, 에세이
3단계의 작업을 통해 정리된 내용을 메모하고 토론을 시작해 봅니다.

논어주제문장
이솝우화
창의이미지
에세이
3단계의 작업을 통해
정리된 내용을 메모하고
토론을 시작해 봅니다.

토론을 통해 느낀 것	내 비전과 연결하기	일상에서 실천할 것

창의이미지언어 독서법리딩

어느새 책과 친구가 됩니다!

낙(樂)

[논어 주제 문장]

子曰: "質勝文則野, 文勝質則史. 文質彬彬, 然後君子."
(자왈: "질승문즉야, 문승질즉사. 문질빈빈, 연후군자.")
The Master said, They who know the truth are not equal to those who love it, and they who love it are not equal to those who delight in it.

子曰: "中人以上, 可以語上也; 中人以下, 不可以語上也."
(자왈: "중인이상, 가이어상야; 중인이하, 불가이어상야.")
The Master said, To those whose talents are above mediocrity, the highest subjects may be announced. To those who are below mediocrity, the highest subjects may not be announced.

무언가를 안다는 것은 그것을 좋아하는 것만 못하고 좋아하는 것은 즐기는 것만 못하다. 옹야 18

子曰: "飯疏食飲水, 曲肱而枕之, 樂亦在其中矣. 不義而富且貴, 於我如浮雲."
(자왈: "반소사음수, 곡굉이침지, 락역재기중의. 불의이부차귀, 어아여부운.")
거친 밥을 먹고 물을 마시며 팔을 굽혀 베게삼고 누워도 즐거움은 또한 그 가운데 있다. 의롭지 않으면서 부귀를 누리는 것은 나에게는 뜬구름과 같은 것이다. 술이 15

지혜로운 사람은 물을 좋아하고 인한 사람은 산을 좋아하며 지혜로운 사람은 동적이고 인한 사람은 정적이며 지혜로운 사람은 즐겁게 살고 인한 사람은 장수한다. 옹야 21

子曰: "回也非助我者也, 於吾言無所不說."
(자왈: "회야비조아자야, 어오언무소불열.")

공자께서 말씀하셨다. 안회는 나를 도와주는 사람이 아니다. 그는 내가 하는 말에 대해 기뻐하지 않는 것이 없구나. 선진3

큐브핵심단어   핵심단어 정리내리기!

*오늘의 핵심단어 결정하기!

[정리된 문장]

[   ]

배가 부어오른 여우

[주제 문장]

굶주린 여우가 속이 빈 참나무 속에 목자들이

감추어둔 빵과 고기를 발견하고는 들어가 먹어치웠다.

여우는 배가 부어올라 밖으로 나올 수 없게 되자

신음하여 울기 시작했다.

다른 여우가 그 옆을 지나가다 신음 소리를 듣고는

가까이 다가가 그 까닭을 물었다.

어찌 된 일인지 알고는 다른 여우가 그에게 말했다.

그곳에 머물러 있게나.

자네가 그 안으로 들어갈 때의 모습으로 돌아올 때까지

그러면 쉽게 나올 수 있을 걸세

큐브핵심단어

핵심단어 정리내리기!

*오늘의 핵심단어 결정하기!

[정리된 문장]

[   ]

[오늘의 핵심단어]

그리기
Drawing

CREATIVE READING COACHING CENTER
미래인재를키우는창의학교

* 문장만들기 :

씰 스쿨 인문독서교실

논어, 이솝우화, 창의이미지, 에세이
3단계의 작업을 통해 정리된 내용을 메모하고 토론을 시작해 봅니다.

논어주제문장
이솝우화
창의이미지
에세이
3단계의 작업을 통해
정리된 내용을 메모하고
토론을 시작해 봅니다.

토론을 통해 느낀 것	내 비전과 연결하기	일상에서 실천할 것

꼬리에 꼬리를 무는 연상독서
책읽기가 깊고 넓어집니다!

행 (行)

[논어 주제 문장]

네 가지를 절대로 하지 않으셨다. 사사로운 뜻을 갖는 일이 없으셨고 기필코 해야 한다는 일이 없으셨으며 무리하게 고집부리는 일도 없으셨고 자신만을 내세우려는 일도 없으셨다.
-자한4

지혜로운 사람은 미혹되지 않고 인한 사람은 근심하지 않으며 용기있는 사람은 두려워하지 않는다.
-자한28

子路問 聞斯行諸 子曰 有父兄이 在 如之何 其聞斯行之
冉有問 聞斯行諸
자로문 문사행저 자왈 유부형이 재 여지하 기문사행지 염유문
문사행제

子曰 聞斯行之니라 公西華曰 由也問聞斯行諸어늘
子曰 有父兄在라하시고 求也問聞斯行諸어늘
자왈 문사행지니라 공서화왈 유야문문사행저어늘
자왈 유부형재라하시고 구야문문사행제어늘

子曰 聞斯行之라하시니 赤也惑하여 敢問하노이다
子曰 求也는 退故로 進之하고 由也는 兼人故로 退之하라
자왈 문사행지라하시니 적야혹하여 감문하노이다
자왈 구야는 퇴고로 진지하고 유야는 겸인고로 퇴지하라

자로가 좋은 말을 들으면 곧 실천해야합니까? 하고 여쭙자, 공자께서 말씀하셨다. 부형이 계시는 데 어찌 듣는 대로 곧 행하겠느냐?
염유가 좋은 말을 들으면 곧 실천해야합니까? 하고 여쭙자, 공자께서 말씀하셨다. 들으면 곧 행해야 한다.

공서화가 여쭈었다. 유가 물으면 부형이 계신다라고 미루시고 구가 물으면 곧 행해야한다고 말씀하셨습니다. 저는 의아하여 감히 여쭙고자 합니다.

공자 왈, 구는 소극적이기 때문에 적극적으로 나서게 한 것이고
유는 남을 이기려 하지 때문에 물러서도록 한 것이다.
-선진 22

큐브핵심단어 핵심단어 정리내리기!

*오늘의 핵심단어 결정하기!

[정리된 문장]

[   ]

사랑에 빠진 사자와 농부

[주제 문장] 사자가 농부의 딸에게 반해 청혼을 했다.

농부는 차마 야수에게 딸을 줄 수도 없고 두려워서 거절할 수도 없어 다음과 같은 꾀를 생각해냈다.

사자가 자꾸만 조르자 농부가 말하기를 자기는 사자가 사윗감으로 손색이 없다고 생각하지만, 사자가 제 이빨을 뽑고 제 발톱을 자르기 전에는 딸을 줄 수 없다고 했다.

딸아이가 그것들을 무서워한다는 것이었다. 사자는 사랑에 빠져 이 두가지 희생을 모두 감수했다. 그러자 농부는 사자를 우습게보고 가까이 다가가서 몽둥이로 때려 내쫓았다.

큐브핵심단어

핵심단어 정리내리기!

*오늘의 핵심단어 결정하기!

[정리된 문장]

[   ]

[오늘의 핵심단어]

* 문장만들기 :

씰 스쿨 인문독서교실

논어, 이솝우화, 창의이미지, 에세이
3단계의 작업을 통해 정리된 내용을 메모하고 토론을 시작해 봅니다.

논어주제문장
이솝우화
창의이미지
에세이
3단계의 작업을 통해
정리된 내용을 메모하고
토론을 시작해 봅니다.

토론을 통해 느낀 것	내 비전과 연결하기	일상에서 실천할 것

창의이미지언어 독서방법

독서시간이 늘어납니다!

충(忠)

[주제 문장]

定公問　정공문　정공이 물었다.

君使臣 臣事君 如之何　군사신 신사군 여지하

임금이 신하를 부리고, 신하가 임금을 섬기는 일은, 어떻게 해야 합니까?

孔子對曰 공자대왈　공자께서 대답하셨다.

君使臣以禮 臣事君以忠 군사신이예 신사군이충

"임금은 예로써 신하를 부리고, 신하는 충으로써 임금을 섬겨야 합니다."

The Duke Ting asked how a prince should employ his ministers, and should serve their prince. Confucius replied, A prince should employ his minister according to according to the rules of propriety; ministers should serve their prince with faithfulness.

큐브핵심단어

핵심단어 정리내리기!

*오늘의 핵심단어 결정하기!

[정리된 문장]

[   ]

벼룩과 황소

[주제 문장] 어떤 사람이 염소와 당나귀를 길렀다.

염소는 당나귀에게 더 많은 먹이가 주어지자 샘을 났다.

그래서 염소는 당나귀에게 때로는 맷돌을 돌리고

때로는 무거운 짐을 나르느라.

그의 삶은 끝없는 고문이라며 간질병에 걸린 척하고

구덩이에 쓰러진 뒤 좀 쉬라고 충고해주었다.

당나귀는 염소가 충고해준 대로 쓰러져 온몸에 타박상을 입었다.

주인이 수의사를 불러와 도움을 청했다.

수의사는 염소의 허파를 달여 먹이면 당나귀가 건강을 회복할 수 있을 것이라고 했다.

그래서 주인은 당나귀를 치료하기 위해 염소를 제물로 바쳤다.

큐브핵심단어

핵심단어 정리내리기!

*오늘의 핵심단어 결정하기!

[정리된 문장]

[   ]

[오늘의 핵심단어]

* 문장만들기 :

씰 스쿨 인문독서교실

논어, 이솝우화, 창의이미지, 에세이
3단계의 작업을 통해 정리된 내용을 메모하고 토론을 시작해 봅니다.

논어주제문장
이솝우화
창의이미지
에세이
3단계의 작업을 통해
정리된 내용을 메모하고
토론을 시작해 봅니다.

토론을 통해 느낀 것	내 비전과 연결하기	일상에서 실천할 것

창의이미지언어로 이해한 어휘력
독서의 동기부여를 만듭니다.

군자(君子)

[주제 문장]

子曰 공자께서 말씀하셨다.

君子不重則不威 (군자부중즉불위)

"군자가 신중하지 않으면 위엄이 없으며,

學則不固 (학즉불고) 배워도 견고하지 않게 된다.

主忠信 無友不如其者 (주충신 무부여기자)

충실과 신의를 중시하고, 자기보다 못한 자를 벗으로 사귀지 말며,

過則勿憚改 (과즉물탄개)

잘못이 있으면 고치기를 꺼리지 말아야 한다."

군자는 먹을 것에 대해 배부름을 추구하지 않고, 거처하는 데 편안함을 추구하지 않는다. 또한 일하는 데 민첩하고 말하는 데는 신중하며, 도의를 아는 사람에게 나아가 자신의 잘못을 바로잡는다. 이런 사람이라면 배우기를 좋아한다고 할 만하다.

군자는 그릇처럼 한가지 기능에만 한정된 사람이 아니다. (군자불기)

군자는 느긋하되 교만하지 않고 소인은 교만하되 느긋하지 않다. -자로26

The Master said, The superior man has a dignified ease without pride. The mean man has pride without a dignified ease.

큐브핵심단어

핵심단어 정리내리기!

*오늘의 핵심단어 결정하기!

[정리된 문장]

[ ]

사자를 본 적 없는 여우

[주제 문장]   사자를 본적이 없는 여우가 어느날 우연히 사자와 마주쳤다.

사자를 처음 봤을 때 여우는 놀라 죽을 뻔했다.

두 번째 만났을 때도 무서웠으나

첫 번째 만났을 때만큼은 무섭지 않았다.

그러나 세 번째로 봤을 때 여우는 용기를 내어

사자에게 다가가 말하기 시작했다.

큐브핵심단어

핵심단어 정리내리기!

*오늘의 핵심단어 결정하기!

[정리된 문장]

[   ]

[오늘의 핵심단어]

* 문장만들기 :

씰 스쿨 인문독서교실

논어, 이솝우화, 창의이미지, 에세이
3단계의 작업을 통해 정리된 내용을 메모하고 토론을 시작해 봅니다.

논어주제문장
이솝우화
창의이미지
에세이
3단계의 작업을 통해
정리된 내용을 메모하고
토론을 시작해 봅니다.

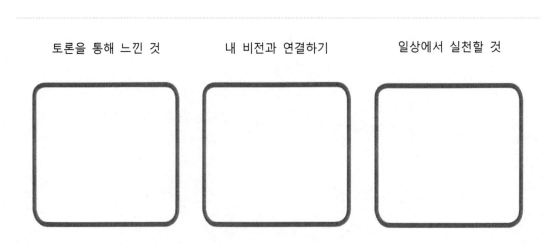

토론을 통해 느낀 것	내 비전과 연결하기	일상에서 실천할 것

창의독서 교사교육을 시작하며

잡지(꼴라쥬)와 도형피스를 활용한 창의사고체험교육

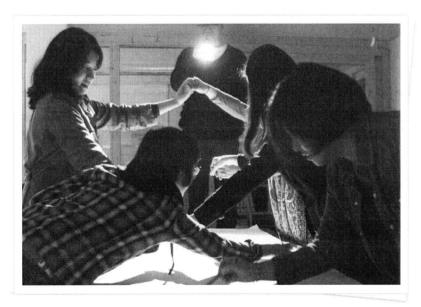

빛과 그림을 활용한 사고유발 교육체험

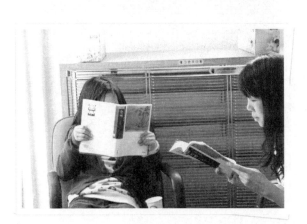

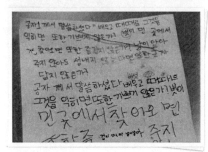

토론을 통한 핵심단어 결정하기 (중산고 창의독서봉사활동 사진)

창의이미지언어 독서봉사단 교육활동(신림동-초등생)

관악구 신림지역 지역아동센터 교사 및 센터장 창의이미지언어교육

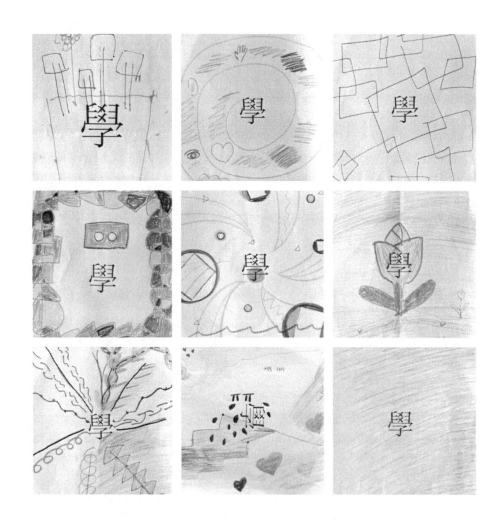

창의이미지언어 "學" 단어 연상하기

창의독서코칭 인형극을 위한 대본 연습하기

씰스쿨 창의이미지언어로 표현하기!

Story Telling Paper Card
한주간의 생활을 이야기해주세요!

생각&행동을
유발시키는 STP card

NAME   DATE

VIDEO

AUDIO

씰스쿨 창의이미지언어로 표현하기!

Story Telling Paper Card
한주간의 생활을 이야기해주세요!

NAME   DATE

VIDEO

AUDIO

씰스쿨 창의이미지언어로 표현하기!

Story Telling Paper Card
한주간의 생활을 이야기해주세요!

NAME   DATE

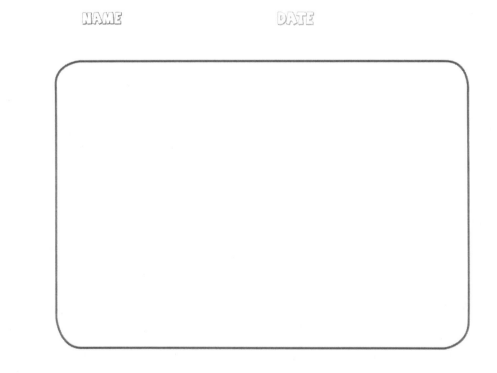

VIDEO

AUDIO

씰스쿨 창의이미지언어로 표현하기!

Story Telling Paper Card

한주간의 생활을 이야기해주세요!

생각&행동을
유발시키는 STP card

NAME   **DATE**

VIDEO

AUDIO

씰스쿨 창의이미지언어로 표현하기!

Story Telling Paper Card
한주간의 생활을 이야기해주세요!

NAME   DATE

VIDEO

AUDIO

씰스쿨 창의이미지언어로 표현하기!

Story Telling Paper Card
한주간의 생활을 이야기해주세요!

NAME   DATE

VIDEO

AUDIO

씰스쿨 창의이미지언어로 표현하기!

Story Telling Paper Card
한주간의 생활을 이야기해주세요!

생각&행동을
유발시키는 STP card

NAME   DATE

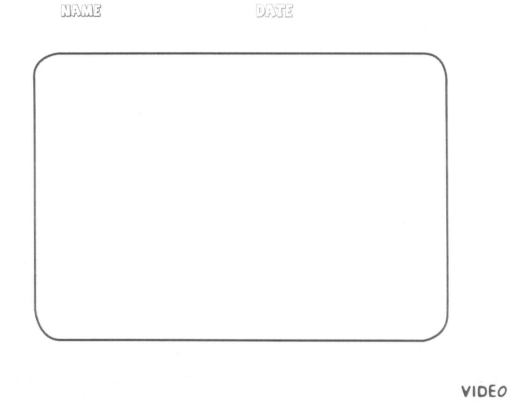

VIDEO

AUDIO

씰스쿨 창의이미지언어로 표현하기!
Story Telling Paper Card
한주간의 생활을 이야기해주세요!

생각&행동을
유발시키는 STP card

NAME   DATE

VIDEO

AUDIO

씰스쿨 창의이미지언어로 표현하기!

Story Telling Paper Card
한주간의 생활을 이야기해주세요!

생각&행동을
유발시키는 STP card

NAME   **DATE**

VIDEO

AUDIO

씰스쿨 창의이미지언어로 표현하기!

Story Telling Paper Card
한주간의 생활을 이야기해주세요!

생각&행동을
유발시키는 STP card

NAME   DATE

VIDEO

AUDIO

씰스쿨 창의이미지언어로 표현하기!

Story Telling Paper Card
한주간의 생활을 이야기해주세요!

생각&행동을
유발시키는 STP card

NAME   DATE

VIDEO

AUDIO

씰스쿨 창의이미지언어로 표현하기!

Story Telling Paper Card
한주간의 생활을 이야기해주세요!

NAME   DATE

VIDEO

AUDIO

[씰 노트 핵심단어 문장 메모하기]

[   ]

[씰 노트 핵심단어 문장 메모하기]

[   ]

[씰 노트 핵심단어 문장 메모하기]

[   ]

[씰 노트 핵심단어 문장 메모하기]

[   ]

[씰 노트 핵심단어 문장 메모하기]

[   ]

[씰 노트 핵심단어 문장 메모하기]

[   ]

[씰 노트 핵심단어 문장 메모하기]

[ ]

[씰 노트 핵심단어 문장 메모하기]

[   ]

[씰 노트 핵심단어 문장 메모하기]

[   ]

[씰 노트 핵심단어 문장 메모하기]

[　　　　　　　　　　　　　　　　　　　]

[씰 노트 핵심단어 문장 메모하기]

[   ]

[씰 노트 핵심단어 문장 메모하기]

[   ]

[씰 노트 핵심단어 문장 메모하기]

[   ]

[씰 노트 핵심단어 문장 메모하기]

[   ]

[씰 노트 핵심단어 문장 메모하기]

[   ]

[씰 노트 핵심단어 문장 메모하기]

[ ]

C. I. L. 인문편

-공자 논어·우화편

발행일 : 2019년 2월 20일

지은이 : 장태규

편찬 : 창의이미지언어학교

발행 : 도서출판 아이펀

www.cilschool.org / www.eduifun.com

제작 : 더드림미디어(주)

유통 : 비전북

ISBN : 978-89-966139-9-2

정가 : 15,000원

구매문의 Tel : 02-715-6755 Fax : 02-715-6756

* 교육특강문의 : 카톡 ifun7942